이야기 속의 논리학

이야기 속의 논리학

2014년 1월 20일 개정판 1쇄 발행

지은이 | 김득순
펴낸이 | 이미자
펴낸곳 | 밝은누리
주 소 | 서울시 금천구 가산동 550-1 롯데IT캐슬 2동 1105호
전 화 | 02-884-8459
팩 스 | 02-884-8462
등 록 | 제317-2007-000031호(1994. 10. 28)

ISBN 978-89-8100-132-2 43170

논리를 이해하고, 논술이 쉬워지는

이야기 속의
논리학

김득순 지음

밝은누리

들어가기 전에

인간이 다른 동물과 결정적으로 다른 점은 바로 사유(본문에서는 '사고', '생각'과 동일한 의미로 사용된다) 능력을 가졌다는 데 있다. 물론 이 '다른 동물'들도 생각은 한다. 허나 그 체계가 지극히 단순한, 생존을 위한 본능을 행동으로 옮기는 과정에 지나지 않는다는 점에서 인간의 생각과는 성격이 다르다. 우리는 말을 함으로써 생각을 언어로 표현한다. 밥을 먹고, 잠을 자고, 학교에서 공부를 하거나 직장에 다니는 등의 행위 또한 생각을 실행에 옮기는 과정이 된다.

신체적 능력만 놓고 보면 사자, 호랑이와 견주어 하등 내세울 게 없는 우리 인간은 사유하는 능력, 나아가 이 생각을 행동에 옮기는 능력 덕분에 먼 옛날 돌도끼며 활과 불로 약점을 보완하기 시작했고, 마침내 컴퓨터 발명에까지 이르는, 지적 팽창을 이루어냈다. 논리학은 생각과 생각이 엮이는, 생각이 점차 고도화되는 긴 여정에 도구처럼 놓인 무엇이다. 인간의 사유가 보다 올바르고 합리적으로 이루어지도록 연구하는 학문이 논리학이기 때문이다. 논리학은, 다시 말해, 사유의 형식과 법칙을 연구하고 인간의 지적 능력을 개발하는 도구인 것이다.

어떻게 하면 개념을 명확히 전달하고, 옳은 판단을 내리고, 논리적인 추리를 할 수 있을까? 명확한 요점과 조리 있는 전개, 분명한 결론과 설득력을 갖춘 글을 쓰거나 말을 하는 데 필요한 것은 무엇일까? 타인의 말과 글에서 논리적 오류를 명쾌히 밝히고, 궤변에 대해 속 시원히 논박하려면 특별한 재주를 타고나야 하는 걸까? 이런 문제들에 대한 해답의 실마리가 바로 논리학 속에 있다.

허나 논리학이란 '도구'를 찾아냈다 하더라도 도구 연마에는 시간이 걸린다. 논리적 지식이라는 토대 위에서 사고하는 습관을 기르고, 책을 많이 읽고, 계획적으로 일하며, 어떤 일을 마무리한 뒤에는 반드시 반성과 점검을 거치는 일련의 과정 속에서 서서히 무르익어야 하기 때문이다.

이 책은 재미있는 옛이야기와 일상에서 흔히 접하는 사례를 통해 논리학의 기초를 쉽고 간략하게 기술한 것이다. 논리학하면 딱딱하고 재미없는 문장의 나열이라는 선입견을 갖고들 있는데, 필자는 이 책이 그런 생각을 깨부술 수 있으리라고 감히 단언한다. 암기 위주의 주입식 교육이 긁어 주지 못하는 가려운 부분, 즉 논리적 사고와 창의력을 길러 주는 책을 기대하는 어린 독자들에게도, 대학생과 직장인에게도 이 책은 매우 유용할 것이다. 내용 일부를 수정하고 보강해 개정판을 내놓게 된 데는 필자의 이 같은 믿음이 크게 작용했다. 그간 독자 여러분의 조언과 질타에 머리 숙여 감사드리며, 개정판 작업에 많이 반영했음을 알린다. 앞으로도 좋은 충고 부탁드린다.

차 례

3장   연역추리

6장 | 논증과 논박

논리학을 왜 배우는가?

현명한 운전사
논리학을 공부하는 이유

어느 자동차 공장에 방금 생산된 대형 버스 다섯 대가 번호 순서로 나란히 세워져 있었다. 이를 본 공장장은 괜히 운전기사들의 지능을 시험해 보고 싶어졌다.

그는 기사들에게 버스 다섯 대 중 두 대는 서울로, 세 대는 부산으로 가야 한다고 알려 준 다음, 목적지를 적은 종이를 각 버스 뒤쪽에 붙여 놓았다. 그래서 운전사는 앞에 있는 버스의 목적지는 알아도, 자기 버스에 붙인 종이는 볼 수 없어 모두 자신의 목적지를 모르는 채 출발해야 했다.

공장장은 기사들이 무척 현명해 몇 가지 단서만 알려 주면 자신의 목적지를 금방 알아맞히리라고 확신했다. 그는 먼저 3호 버스 기사에게 다가가 "당신이 어디로 가야 하는지 알 수 있겠습니까?" 하고 물었다. 3호 버스 기사는 앞의 1호와 2호 버스 뒤에 붙인 종이를 보고 잠깐 생각하더니 이내 "모르겠는데요." 하고 대답했다.

공장장은 2호 버스 기사에게도 같은 질문을 했다. 2호 버스 기사는 1호 버스에 붙인 종이를 보고, 또 3호 기사가 모르겠다고 대답한 것을 근거로 잠시 생각하고는 역시 "모르겠어요."라고 대답했다.

이제 1호 버스 기사 차례가 되었다. 그런데 1호 기사는 2호와 3호 기

사의 대답을 근거로 잠시 고민하는가 싶더니, 곧 "알겠습니다." 하고 자신의 목적지를 정확히 말하는 게 아닌가.

공장장은 "그러면 그렇지." 하고 고개를 끄덕였다. 그리고 손을 들어 출발 신호를 보냈다. 1호 버스 기사는 그렇게 부산을 향해 떠났다.

모두들 현명한 1호 버스 기사의 신속하고 정확한 판단에 칭찬을 아끼지 않았다.

1호 버스 기사는 어떻게 자신의 목적지를 알아맞혔을까? 이는 그가 문제를 능수능란하게 분석할 줄 알 뿐 아니라, 논리 지식을 익숙하고도 정확하게 활용할 줄 안다는 사실과 연관지어 생각해야 할 것이다.

그가 논리 지식을 활용해 문제를 해결한 과정은 다음과 같을 것이다.

우선 그는 버스 다섯 대 가운데 두 대만 서울로 간다는 조건에 근거하여 다음과 같은 가언적(假言的) 추리를 했을 것이다.

• 만약 나와 2호 버스 모두 서울이 목적지였다면, 3호 버스 기사는 곧

자신은 부산으로 가는 것을 알 수 있었을 것이다.
- 지금 3호 버스 기사는 자신의 목적지를 모른다.

- 그러므로 나와 2호 버스 모두 서울로 가는 것은 아니다.

그다음 그는 '나와 2호 버스 모두 서울로 가는 것은 아니'라는 조건에 근거하여 다음과 같은 가언적 추리를 했을 것이다.

- 만약 내 버스가 서울로 가는 것이라면, 2호 버스 기사는 자신은 부산으로 가는 것을 알 수 있었을 것이다.
- 지금 2호 버스 기사는 자신의 목적지를 모른다.

- 따라서 내 버스는 서울이 목적지가 아니다.

마지막으로 그는 선언적(選言的) 추리를 활용하여 다음과 같은 답을 얻었을 것이다.

- 내 버스는 서울로 가는 것이거나 부산으로 가는 것이다.
- 내 버스는 서울로 가는 것이 아니다.

- 따라서 내 버스의 목적지는 부산이다.

1호 버스 기사가 내린 판단은 정확했다. 왜냐하면 이는 논리적인 추리 끝에 얻어낸 것이기 때문이다. 이로부터 알 수 있듯 논리 지식은 일상생활에 매우 필요하다.

우리는 일상에서 무엇을 판단하고 추리할 때 논리를 늘 사용한다. 논리학을 배우지 않은 일부 사람들만이 이를 신비하게 여기고, 결과적으로 논리 지식을 자신의 사고에 의식적으로 적용하지 못한다.

그렇다면 논리학이란 무엇인가? 한마디로 말해 논리학(여기에서는 형식논리학[1]을 말한다)은 사고 형식과 법칙을 연구하는 학문이다.

논리학을 공부하는 이유를 다음의 세 가지로 요약해 볼 수 있겠다.

첫째, 논리학을 공부하면 새로운 지식을 탐구하는 데 필요한 논리적 도구를 얻는다. 형식논리학 역시 새로운 결과를 발견하기 위한 한 방법이며, 아는 것에서 모르는 것으로 나아가는 방법이다. 이미 아는, 그리고 경험을 통해 옳다고 검증된 전제로부터 이와 필연적 연관을 갖는 새로운 지식을 어떻게 정확히 도출할 것인가 하는 문제를 연구하는 것이 논리학이기 때문이다.

둘째, 논리학을 공부하면 조리와 설득력 있는 글을 쓰거나 말을 할 수 있는 '논리의 힘'을 얻는다. 명연설가는 모든 청중이 수긍하지 않을 수 없는 질서정연한 논리로 청중을 완전히 장악하고 감동시킴으로써 그들을 사로잡는다. 논리학 지식이 있어야 우리도 적당한 논리 형식을 적용해 논리 법칙에 맞게 생각을 정리하고 논증할 수 있으며, 개념을 명확히 하고 옳은 판단을 내릴 수 있다.

셋째, 논리학을 공부하면 타인의 궤변[2]에 확실하게 논박할 수 있다. 논리학적 관점에서 궤변은 논리학 법칙을 고의적으로 위반한 말이다. 따라서 궤변을 알아보고 이를 비판하려면, 먼저 실천적으로나 이론적으로 궤변의 실체를 파악해내는 동시에, 논리적 지식을 활용해 그 논리적 오류

---

1) 형식논리학(formal logic): 논리학을 뜻하는 logic의 어원인 그리스어 'logos'는 본래 '말, 사상, 이성' 등을 의미합니다. 일반적으로 사고를 다루는 학문이라는 의미로 이해되는 형식논리학의 연구 대상은 주로 사고의 구조와 사고가 지녀야 할 규범적 규칙입니다.

2) 궤변(sophism): 상대방을 속이기 위해 논리적 규칙을 고의로 어기거나 계획적으로 무시하는 잘못된 논증을 말합니다.

도 지적할 수 있어야 한다. 이때 논리학이 한몫하는 것이다.

지혜의 보고(寶庫)라 할 수 있는 인간의 두뇌는 제 사고 능력을 앞세워 문명을 창조해냈다. 그러나 이 보고에서 퍼 올린 지혜는 사람마다 다르다. 와트, 뉴턴, 아인슈타인의 두뇌 속 지혜는 보통 사람의 그것보다 양적·질적으로 월등했으며, 머리 쓰기를 싫어하고 공부를 게을리한 사람에게는 지혜가 거의 없다 해도 과언이 아닐 것이다.

사고의 형식을 연구하는 학문인 논리학은 인간의 지능을 계발하는 도구이다. 그러니 이 도구를 갈고 닦아, 즉 논리학을 열심히 공부해 깊이를 알 수 없는 지혜의 보고를 열어 보는 건 어떨까.

필자는 논리학 지식을 보다 친근하고 알기 쉽게 독자들에게 소개함으로써 더 많은 사람들이 논리학에 흥미를 가지고, 논리 지식을 의식적으로 적용할 수 있도록 만들고픈 바람으로 이 책을 쓰기 시작했다. 논리학의 이론적 측면보다 될 수 있으면 재미있는 이야기와 생활 속 사건 중심으로 개념을 풀어 보려던 노력이 필자의 짧은 지식 탓에 오류와 부족함으로 채워지지는 않았을까 저어되지만, 당연히 평가는 독자 여러분 몫이다.

제1장

개념

먼 것이 흠이라면 흠
개념이 명확해야

어렸을 때 할머니나 할아버지에게서 아래와 같은 이야기를 들어 본 적이 있을 것이다.

옛날 어느 고을에 남보다 잘산다고 눈꼴사납게 거들먹거리며 다니는데다, 자기 딸이 하도 잘나서 사방 십 리 안에는 사위로 삼을 만한 인물이 없다고 뻐기는 영감이 살았다. 소문이 퍼지자 한고을에 사는 총각들은 물론이고, 이웃 마을 총각들도 그 집에 가서 청혼하는 것을 엄두도 내지 못하는 형국이 되었다.

세월은 흘러 흘러 영감의 딸은 어느덧 나이 서른에 가까워졌지만, 누구 하나 청혼하러 오는 사람이 없으니, 참으로 딱할 노릇이었다. 과년한 처녀는 말할 것도 없고, 그 오만하던 영감도 딸을 시집 보내지 못해 매일같이 끙끙 속만 앓을 뿐이었다.

그러던 어느 날, 산 넘고 물 건너 닷새나 걸어 왔다는 중매쟁이 한 명이 영감을 찾아왔다. 중매쟁이는 신랑감네가 으리으리한 집에 사는 부자일 뿐 아니라 마음이 착하고 행실 또한 유순하다며 장광설을 늘어놓았다. 소개를 듣는 영감의 얼굴에 흐뭇한 미소가 걸렸다.

이윽고 영감의 속내를 꿰뚫어 본 중매쟁이가 눈치를 살피며 슬쩍 덧

붙이기를, "그런데 흠이라면 그저 먼 것이지요."란다. 영감은 터져 나오려는 웃음을 가까스로 참아 가며, "아니 이 사람아, 먼 것쯤 가지고 흠이랄게 뭐가 있나. 그건 문제될 게 없으니 성사된 걸로 알고 어서 돌아가 기별을 전하게."라고 재촉했다. 그리고 중매쟁이를 통해 혼인 날짜까지 정하고는 보름 후에 잔치를 치르기로 했다.

그리고 혼삿날이 되어 신부를 맞으러 온 신랑이 마부의 도움을 받아 말 위에서 내리는데, 모습을 보니 눈이 먼 총각이 아닌가! 이에 기가 막힌 영감은 말 뒤에 머뭇거리며 서 있는 중매쟁이에게 "아니, 자네가 어찌 나를 이리도 감쪽같이 속일 수 있는가!" 하고 노발대발 했다. 중매쟁이가 대답했다. "그래서 제가 먼 것이 흠이라고 여쭙지 않았습니까?" 이 말에 영감은 그만 할 말을 잃고 그 자리에 풀썩 주저앉고 말았다.

우습기도 하고 어처구니없기도 한 이 이야기는 다음과 같은 문제를 생각하게 한다.

중매쟁이는 어떻게 영감을 속일 수 있었을까? 바로 상황에 따라 다른 개념을 의미하게 되는 '멀다'는 단어를 이용해 영감으로 하여금 마치 두 집 사이의 거리가 '멀다'는 것으로 오해하게 함으로써 영감의 승낙을 받아낸 것이다. 영감은 영감대로 '멀다'는 개념을 분명히 해 두지 않아 낭패를 당하고 말았다. 여기에서 우리는 개념을 분명히 하는 일이 매우 중요하다는 것을 배운다.

그렇다면 개념이란 무엇인가? 개념이란 사물의 특유한 속성을 반영하는 사고 형식이다. 개념이 명확하지 못하면 생각이 혼란스러워지며, 문제를 연구하거나 타인과 논쟁할 때 자신의 견해를 분명하게 밝히지 못하게 된다. 따라서 논쟁을 하려면 '개념부터 명확히 해 두어야' 한다.

개념은 반드시 단어를 통해서만 표현된다. 개념이란 우리의 뇌 속에 있는 사고의 내용이므로, 이를 표현하려면 단어의 힘을 빌리는 것 말고는 방법이 없다. 그러므로 개념과 단어는 불가분한 관계라 할 수 있다. 허나 개념은 사고의 기본 형식이고 단어는 언어의 기본 단위이기에 개념과 단어는 완전한 대응을 이루기 어려우며, 다음과 같은 차이를 갖게 된다.

첫째, 모든 개념은 반드시 단어를 통해 표현되지만 모든 단어가 개념을 표현하지는 않는다. 예를 들어 명사, 동사, 형용사, 수사는 개념을 나타내지만, 접속사, 조사는 개념어가 될 수 없다.

둘째, 동일한 개념은 다른 단어로도 표현될 수 있다. '의복'과 '옷', '선생'과 '교사' 같은 동의어는 형태는 달라도 표현하는 개념은 같다.

셋째, 동일한 단어가 다른 개념을 표현할 수 있다. 앞의 이야기에서 '멀다'라는 단어는 동음이의어로, 상황에 따라 '거리가 멀다'라는 개념을 표현할 수도, '눈이 멀다'라는 개념을 표현할 수도 있다.

개념과 단어의 관계 및 그 차이를 분명히 파악하는 일은 개념을 제대로 이해하고, 적확한 단어로 해당 개념을 표현하기 위해 꼭 필요한 작업이다.

X와 -X 중 더 큰 것은?
개념의 내포와 외연

중학교에서 수학을 가르치는 김 선생님이 수업시간에 학생들에게 물었다. "X와 -X 중 어느 것이 큰가요?"

그러자 현배가 별로 깊게 생각하지도 않고 벌떡 일어나 대답했다. "X가 큽니다. X는 자연수고 -X는 음수니까 당연히 X가 더 크지요."

모두들 멍하니 선생님만 쳐다보고 있는데, 현옥이가 "아닙니다. 꼭 그렇지는 않습니다." 하고 일어나 말했다. "X가 -X보다 꼭 크다고 할 수 없습니다. 두 수 가운데 어느 것이 큰가 하는 것은 X가 어떤 값을 가지느냐에 따라 달라집니다. 만약 X가 자연수일 때는 X가 -X보다 크지만, X가 음수가 되면 -X가 X보다 큰 수가 됩니다. 그리고 만약 X가 0이라면 X와 -X는 같아집니다."

그러자 김 선생님은 "맞았습니다!" 하고 만족스러운 미소를 짓고는 "현배, 이제 알겠어?" 하고 물었다. 현배는 머리를 긁적거리며 이제 알았다는 듯 겸연쩍게 웃었다.

"그럼, 다시 현배에게 묻겠는데, X와 2X는 어느 것이 더 클까?"

그러자 현배는 또 자신 있다는 듯 큰소리로 대답했다.

"2X가 더 큽니다. X는 한 개지만 2X는 두 개이므로 2X가 X보다 큰 것은 당연하지요."

현배의 대답에 학생들 모두가 깔깔거리며 웃음을 터뜨렸다.

김 선생님은 현배에게 다음과 같이 말했다.

"현배의 대답은 또 틀렸어요. 수학을 공부할 때는 각각의 기본적인 개념에 특히 유의해야 합니다. 현배는 지금 이런 개념을 제대로 파악하지 못하고 있기 때문에 옳은 대답을 할 수 없는 거예요."

우리는 현배가 두 번이나 틀린 대답을 한 이유를 안다. 'X'라는 개념을 명확히 알지 못했기 때문이다. 논리학 용어로 말하면, 현배는 'X'라는 개념의 내포와 외연을 몰랐던 것이다.

'X'라는 개념의 내포와 외연은 무엇인가? 'X'의 내포는 실수 범위 내에서 그것이 대표할 수 있는 모든 수다. 'X'의 외연에는 유리수와 무리수도 포함된다. 유리수 가운데 정수일 경우도, 분수일 경우도 있으며, 정수 중에서 자연수일 수도, 음수일 수도 있으며, 0이 될 수도 있다. 간단히 말해 모든 실수가 'X'의 외연이 되는 것이다.

'X'라는 개념의 내포와 외연을 파악하지 못하고 'X'가 단순히 자연수만을 표시하는 것으로 이해한 현배는, 그래서 X는 -X보다 크고, 2X는 X보다 크다고 생각한 것이다.

앞서 우리는 개념을 명확히 하는 게 왜 중요한지 배웠다. 그런데 개념을 명확히 하는 것은 개념의 내포와 외연을 명확히 한다는 말이다.

개념의 내포와 외연이란 무엇인가? 개념의 내포란 개념이 반영하는 사물 고유의 속성을 말하며, 개념의 외연이란 개념이 반영하는 사물의 총체를 이른다. 예를 들어 '동물'이라는 개념의 내포는 '유기체로서 생명을 가지고 스스로 장소 이동을 하는 생명의 총체'가 되며, '동물'이라는 개념의 외연은 인간, 소, 돼지, 말, 뱀, 개구리, 여우, 늑대, 호랑이 등의 생명체이다.

그렇다면 개념의 내포를 어떻게 명확히 할 것인가? 개념의 내포를 명확히 하려면 개념이 반영하는 대상 고유의 속성에 대해 정의할 수 있어야 한다. 따라서 어떤 대상을 정의하는 일은, 곧 그 대상을 반영하는 개념의 내포를 밝히는 논리적 방법이 된다.

정의는 반드시 대상의 고유의 속성을 반영해야 한다. 그렇지 않으면 개념은 모호해지며 웃음거리가 될 수도 있다. '사람' 고유의 속성은 '스스로 사고할 줄 아는, 도구를 제작해 사용할 수 있는 사회적 동물'이므로, '사람'에 대한 정의는 마땅히 '사람이란 스스로 사고할 줄 아는 도구를 제작해 사용할 수 있는 사회적 동물이다'라고 해야 한다.

그런데 고대 그리스 철학자 플라톤은 '사람'에 대해 정의하면서, "사람이란 두 발로 서서 걸어 다니는 털이 없는 동물이다."라고 했다.

이를 논박하기 위해 어떤 학자는 털을 다 뽑은 닭을 한 마리 가져와 "이게 바로 플라톤이 말하는 사람이올시다."라고 했다. 플라톤이 내린 정의가 정의하려는 대상 고유의 속성을 포착하지 못했기 때문에 이렇듯 웃음거리가 되고 만 것이다.

정의를 내리는 방법에는 여러 가지가 있는데, 주로 가장 가까운 유개념(최근류 개념)과 종차(種差)[3]를 밝히는 방법을 쓴다. 다시 말해 먼저 정의하려는 개념의 최근류 개념을 찾아내 그 개념이 어떤 유에 속하는지 확정한 다음 그 개념의 종차를 찾는 것이다. 이 방법을 공식으로 나타내면 다음과 같다.

정의되는 개념 = 종차 + 최근류 개념

예를 들어 '대학생'의 정의를 내리려면 먼저 그것의 최근류 개념을 찾아야 한다. 대학생을 포함하는 유개념[4] 가운데 가장 가까운 것은 '학생'이다. 그다음 '대학생'과 '학생'에 속하는 종개념[5], 즉 '고등학생', '중학생,' '초등학생'과의 종차를 밝힌다. '고등학생', '중학생', '초등학생'에 대한 대학생의 종차는 '대학에서 공부한다'는 것이다. 그러므로 '대학생은 대학교에서 공부하는 학생이다'라는 정의를 내릴 수 있다.

정의를 올바르게 구성하려면 다음과 같은 규칙을 준수해야 한다.

---

3) 종차(specific difference): 아리스토텔레스가 논리적 정의를 내릴 때 사용한 방법으로, 어떤 사물을 특징짓는 본질을 말합니다. 예를 들면, 우리가 사람을 '사람'이라고 부르게 하는 본질을 말합니다.

4) 유개념(generic concept): 어떤 개념이 A라는 개념보다 상위에 있을 때 그 개념을 A의 유개념이라 합니다.

5) 종개념(specific concept): 자신의 상위 개념인 유개념에 포함되는 개념을 의미합니다. 하나의 종개념은 다른 어떤 개념에 대해서는 유개념일 수 있습니다. 즉 유개념과 종개념은 서로 상대적인 관계입니다. '나무'는 '침엽수'의 유개념이지만 '식물'과의 관계에서는 종개념이 됩니다.

첫째, 정의하는 개념의 외연은 정의되는 개념의 외연과 완전히 일치해야 한다.

'형용사'에 대한 정의를 내릴 때, '형용사란 대상의 성격이나 상태, 움직임을 나타내는 단어이다'라고 한다면, '너무 넓은 정의'라는 논리적 오류를 범하게 된다. 왜냐하면 움직임을 나타내는 단어는 동사에 속하는 것이어서 정의하는 개념의 외연이 정의되는 개념의 외연보다 넓어지기 때문이다. 반대로 '형용사란 대상의 성격을 나타내는 단어이다'라고 정의하면, 또 '너무 좁은 정의'라는 논리적 오류를 범하게 된다. 대상의 상태를 나타내는 '많다', '적다', '멀다', '조용하다', '흔하다' 등과 같은 형용사를 배제하는 정의이므로 정의하는 개념의 외연이 정의되는 개념의 외연보다 좁아지기 때문이다.

둘째, 정의되는 개념이 정의하는 개념에 직접 혹은 간접적으로 포함되어서는 안 된다.

'독재자'를 정의하면서 '독재자란 독재를 실시하는 사람이다'라고 정의를 내린다면 이는 '동어반복'[6]에 지나지 않아 정의되는 개념의 내포가 밝혀지지 않는다. 또 '민주주의와 독재는 근본적으로 대립되는 사상이다'라거나, '독재는 민주주의와 근본적으로 대립되는 사상이다'라는 정의는 정의되는 개념이 정의를 내리는 개념에 의해 정의되고, 정의를 내리는 개념 또한 정의되는 개념에 의해 정의돼, 결국 개념의 내포를 밝히지 못하

---

6) 동어반복(tautology): 일반적으로 부가어가 중심어에 내포되는 것 말고 어떤 것도 표현하지 않은 낱말 결합을 의미합니다. 말 그대로 같은 말의 반복입니다. 위 예처럼 같은 단어의 반복 외에 '검은 까마귀' '작은 난쟁이' 등의 표현도 이에 속합니다. 까마귀는 원래 검은데 굳이 '검은'이라는 수식어를 붙일 필요가 없으며, 원래 '작다'는 의미를 포함하고 있는 난쟁이에 '작은'이라는 수식어를 붙이는 것은 불필요하다는 겁니다. 이 용어는 학문 용어에서는 반드시 피해야 할 장황한 표현 방식이라는 부정적 의미를 지니며, 한 개념이 명시적 또는 묵시적으로 그 개념 자체로 정의되는 것을 말합니다.

고 만다. 이를 순환정의의 오류라고 한다.

셋째, 정의하는 개념은 일반적으로 부정 개념을 포함해서는 안 된다.

'놀부는 흥부가 아니다'라는 표현은 결코 '놀부'에 대한 제대로 된 정의가 될 수 없다.

넷째, 정의는 모호한 어구로 표현돼서는 안 된다. 더불어 정의 내리는 개념에 비유를 사용해도 안 된다.

예를 들면 '석탄은 공업의 양식이다', '교사는 인류 영혼의 기사다'라는 것은 '석탄' 또는 '교사'에 대한 생생한 비유는 될 수 있어도 그 개념에 대한 정의라 할 수는 없다.

개념을 명확히 하려면 그 개념의 내포를 명확히 밝혀야 할 뿐 아니라, 그 개념의 외연, 즉 그 개념에 포함되는 대상이 어떠한 것들로 이루어져 있는지를 드러낼 필요가 있다. 그런데 대부분의 개념은 그 외연이 매우 넓어 일일이 열거하기 어렵다. 이때는 구분 방법을 사용해 하나의 유개념을 몇 개의 종개념으로 나눈다.

예를 들면 '나무'를 '침엽수'와 '활엽수'로 구분하거나, '사회'를 '원시사회', '노예사회', '봉건사회', '자본주의사회', '사회주의사회 및 공산주의사회' 등의 종개념으로 나누면 그 외연이 명확해진다. 구분은 개념의 외연을 밝히는 논리적인 방법이다.

개념을 명확히 하는 것은 매우 중요하다. 우리가 의사를 표현하거나 견해를 주장할 때, 특히 어떤 문제에 대해 토론하거나 논쟁할 때, 무엇보다 먼저 개념을 명확히 해야 한다. 이를 위해 종종 내포나 외연에 중점을 두게 되며, 또 적지 않은 경우 개념의 내포와 외연 모두를 명확히 하지 않으면 안 되는데, 이럴 때는 정의와 구분을 동시에 사용하게 된다.

게으름뱅이의 궤변
집합개념과 개체개념

철호는 학교에서 소문난 게으름뱅이다. 하지만 친구들이 게으르다고 나무라면 언제나 궤변을 늘어대며 순순히 받아들이는 법이 없었다.

하루는 오후 청소 시간에 철호가 나무그늘 밑에 누워 낮잠을 자고 있었다. 이를 본 같은 반 친구 창수가 철호한테 뛰어와 그를 깨우고는 말했다.

"철호야, 다른 친구들 모두 청소하는데, 너는 여기에서 자고 있으면 어떡하냐?"

"뭐? 내가 게으르다 그거야? 왜 이래, 나는 부지런하기로 소문난 사람이야. 한국 청년들이 세계에서 가장 부지런하고 근면하다고! 그런데 누가 감히 나한테 게으르다고 말할 수 있어?"

철호는 또 그렇게 궤변을 늘어놓았다.

그러자 창수가 버럭 화를 내며 말했다.

"한국 청년들이 근면하고 성실하지. 하지만 그렇다고 철호 너 역시 그런 청년이라고는 말할 수 없어!"

"그런 논리가 어디 있어? 그래, 한국의 청년들이 근면성실하고 나는 그렇지 않다면, 나는 한국의 젊은이가 아니란 말이야? 네가 무슨 권리로 내게서 한국 청년의 자격을 빼앗는 거냐?"

철호는 도리어 이렇게 큰소리쳤다.

창수는 좀 어리둥절해졌다. 철호는 분명 황당한 논리를 펴고 있는데, 이를 명백하고 단호하게 논박하려 해도 어디서부터 시작해야 할지 알 수가 없었다.

일상생활에서 철호의 '논리'와 같은, 예를 들어 '나는 고객이니까 당신은 나를 위해 무조건 봉사해야 한다'든지 '학력이 높을수록 지식이 많으므로, 학력이 높은 사람 주장이 당연히 옳다'라는 식의 주장을 접해 본 경험이 있을 것이다.

철호의 궤변에서 주된 오류는 그가 '한국 청년'이라는 개념을 집합개념으로 쓸 때와 개체개념으로 써야 할 때를 고의적으로 혼동시킨 데 있다. 따라서 철호가 펴는 주장의 오류를 제대로 지적하려면 집합개념과 개체개념을 구별하는 작업이 필요하다.

집합개념은 개별 대상들의 집합체를 하나의 대상으로 반영하는 개념을 말한다. 예를 들어 '인류', '산맥', '도서관'은 각각 '인간', '산', '책' 등의 집합체를 하나의 대상으로 반영하는 집합개념이 된다.

개체개념이란 집합체를 반영하지 않는 개념을 말한다. '인간', '산', '책'은 각각 인간들, 산들, 책들을 가리키지만 그것의 집합체를 나타내는 개념은 아니다.

집합개념과 개체개념을 구별하는 법은 이렇다. 집합개념은 집합체의 속성을 반영하지만, 이런 속성이 집합체에 포함된 각 개체 모두에게 해당되는 것은 아니다. '인류'라는 개념의 속성이 그것을 구성하는 개체인 인간 전체에 해당되는 것은 아니라는 뜻이다.

우리는 사고 과정에서 집합개념과 개체개념을 혼동하기 쉽다. 특히 동일한 단어가 상황에 따라 집합개념이 되기도, 개체개념이 되기도 하는 경우라면 더욱 그렇다.

철호는 바로 이 점을 이용해 궤변을 늘어놓은 것이다. '한국 청년'이라는 개념은 경우에 따라 집합개념도 개체개념도 될 수 있다. '안중근은 한국 청년이다'라고 할 때의 '한국 청년'은 개체개념, '한국 청년들은 근면성실하다'라고 할 때 '한국 청년'은 집합개념이다.

철호는 '한국 청년들은 근면성실하다'고 말할 때 '한국 청년'을 집합개념으로, '나는 한국 청년이다'라고 할 때는 '한국 청년'을 개체개념으로 사용했다. 철호가 '한국 청년들은 근면성실하다'와 '나는 한국 청년이다'로부터 '나는 근면성실하다'라는 결론을 끌어낸 것은, 다른 개념으로 쓰인 '한국 청년'을 동일한 개념인 양 사용한 예라 하겠다.

잘못된 작문 요강
개념 간 관계

국어 선생님이 '존경하는 최 선생님'이라는 제목으로 작문을 하되, 먼저 요강을 짜라고 했다. 한 학생이 다음과 같은 요강을 작성했다.

1. 최 선생님은 아주 부지런하다.
2. 최 선생님은 휴식을 모르는 노력파다.
3. 최 선생님의 지도 능력
4. 최 선생님의 미술 지도 능력
5. 최 선생님 말씀에 따르지 않는 학생은 불량 학생이다.

요강을 보면 알겠지만, 이것은 작문의 재료가 될 수 없다. '부지런한 선생님'과 '휴식을 모르는 노력파'를 어떻게 구별해 쓰겠는가? 그리고 '지도 능력'을 쓴 다음 '미술 지도 능력'에 대해 또 무엇을 쓸 수 있겠나? '최 선생님 말씀에 따르지 않는 학생'은 꼭 '불량 학생'일까?

이 작문 요강의 문제점은 무엇일까? 이를 찾으려면 개념과 개념 간의 관계를 알아야 한다. 개념 간 관계는 서로의 외연이 서로 합치되는가 그렇지 않은가에 따라 동일관계, 대소관계, 교차관계, 모순관계, 반대관계로 나뉜다.

동일관계

동일관계란 내포에는 차이가 있지만 외연은 완전히 합치되는 두 개념 간 관계를 말한다. 만약 모든 A는 B이며 동시에 모든 B는 A라고 한다면, A와 B의 관계는 동일관계다.

'서울'과 '한국의 수도'는 동일관계이며, '청년'과 '내일의 주인' 역시 그러하다. 작문 요강에서 '부지런한 선생님'과 '휴식을 모르는 노력파'는 동일관계이므로 앞의 것을 택하면 뒤의 것을 쓸 필요가 없거니와 또 쓸 수도 없다. 동일관계를 그림으로 나타내면 아래와 같다. 그림에서처럼 A 개념과 B개념의 외연은 완전히 일치한다.

대소관계

한 개념의 외연이 다른 개념의 외연 속에 완전히 포함되며, 또 그것이 다른 개념 외연의 일부분이 되는 두 개념 간 관계를 대소관계라고 한다.

'학생'과 '중학생'이라는 두 개념은 대소관계가 된다. '중학생'의 외연 전체가 '학생'의 외연 속에 포함되기 때문이다. 다시 작문 요강으로 돌아가자. '지도 능력'과 '미술 지도 능력'이 바로 대소관계다. '지도 능력'에는 '미술 지도 능력'이 포함되기 때문이다. 그러므로 '미술 지도 능력'과 '지도 능력'을 병렬시킨 것은 잘못이다. 대소관계를 그림으로 나타내면 다음과 같다.

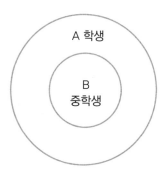

교차관계

두 개념의 외연 일부분이 겹쳐지는 관계를 교차관계라고 한다.

'학생'과 '여자'는 교차관계에 있는 개념이다. 즉 어떤 학생은 여자이고 어떤 학생은 여자가 아니다. 그리고 또 어떤 여자는 학생이고 어떤 여자는 학생이 아니다. 양자의 외연에는 일부 겹치는 부분이 있기 때문에 두 개념은 교차관계가 된다. 그림으로 나타내면 아래와 같다. A개념과 B개념이 교차관계라는 것은 A외연의 일부분과 B외연 일부는 같지만 다른 부분은 그렇지 않다는 의미다.

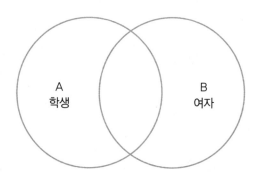

모순관계

하나의 가까운 유개념에 속하는 두 종개념의 외연이 완전히 다르며, 그 외연의 합이 해당 유개념의 외연과 같을 때, 두 종개념 간의 관계는 모순관계가 된다. A와 B가 동일한 유개념에 종속되고, A와 B의 외연이 완전히 다르며, 그 외연을 합한 것이 그 유개념의 외연과 같다면, A와 B는 모순관계를 이룬다.

'남자'와 '여자'라는 두 개념은 다른 대상을 가리킨다. 그리고 '남자'와 '여자'의 외연을 합한 것이 그들의 가까운 유개념인 '인간'의 외연과 같다. 그러므로 둘은 모순관계다.

모순관계를 그림으로 표시하면 위와 같다. A와 B는 공통된 부분 없이 명확하게 구분되며, 외연의 합은 그 유개념의 외연과 같다. 일반적으로 모순관계인 두 개념 가운데 하나는 긍정개념, 다른 하나는 그것을 부정하는 부정개념이다.

반대관계

하나의 유개념에 종속되는 두 종개념의 외연이 완전히 다르며, 외연의 합이 그 유개념의 외연보다 좁은 두 종개념 간 관계를 반대관계라고 한다.

'흰색'과 '검정색'에서 흰색은 검정색이 아니며, 검정색은 흰색이 아니다. 그리고 흰색과 검정색의 외연을 합해도 유개념인 '색'의 외연보다 좁다. 색에는 흰색과 검정색 외에도 빨강색, 노랑색, 녹색 등 여러 색이 더 있다.

앞의 작문 요강에서 '최 선생님 말씀에 따르지 않는 학생'과 '불량 학생'은 모순관계가 아닌 반대관계가 된다. 왜냐하면 최 선생님 말씀에 따르지 않는 학생이라고 꼭 불량 학생은 아니며, 그 외의 다른 학생일 수 있기 때문이다.

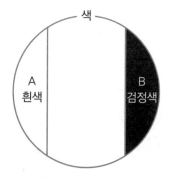

반대관계는 위와 같이 그림으로 나타낼 수 있다. A와 B가 차지한 부분은 반대관계인 두 개념의 외연이 된다. 둘은 서로 다르며, 그 외연의 합은 해당 유개념의 외연 전체보다 좁은 것을 알 수 있다.

제**2**장
판단

사흘 사또
타당한 판단 내리기

옛날 어느 고을에 한양에 사는 대감의 외아들이 신관 사또로 부임해 왔다. 그는 워낙에 천방지축 철부지라, 아버지 덕에 겨우 영특한 아내를 얻고, 또 고을의 원님까지 될 수 있었다. 부임 첫날, 아랫사람들의 부임 인사를 받고 관아 안팎을 살피는 등 시작은 순조로웠다.

그런데 사건은 이튿날부터 벌어졌다. 아침에 두 명의 농부가 찾아와 상소를 올린 것이다. 사연은 이러했다.

한 농부가 남의 소를 빌려 밭을 갈다가 점심때가 되어 언덕에 소를 매어 놓고 점심을 먹고 와 보니 소가 벼랑에서 굴러 떨어져 죽어 버렸단다. 그러자 소 주인은 당장 소를 사 내라, 농부는 차차 벌어 갚겠다며 서로 옥신각신하다 신관 사또의 현명한 판결을 받자며 관아를 찾은 것이다.

전후 사연을 다 듣고 난 사또는 "여봐라, 게 좀 기다리고 있거라!" 하고는 슬며시 일어나 안방으로 들어갔다. 그는 이 일을 어떻게 처리하면 좋을지 몰랐거니와 또 집을 떠날 때 "어떤 일이든 혼자 해결하려 들지 말고 네 아내와 상의한 후에 처리하도록 해라."라는 아버지의 당부가 있어 부인과 상의하기 위해서였다. 사또의 말을 들은 부인은 "아니, 그만한 일도 처리하지 못하십니까?" 하고 핀잔을 준 다음 이렇게 말했다.

"소 주인이야 어찌 소 값을 물어내라고 하지 않겠습니까? 그렇다고 소를 빌려 쓴 사람이 무슨 돈이 있어 당장 소를 사 주겠습니까? 죽은 소

야 이왕 지사 죽었으니 가죽은 벗겨 나라에 바치고 고기와 뼈를 팔아 그 돈으로 자그마한 송아지 한 마리를 사서 키운 후에 큰 소 대신 주라고 하십시오!"

사또는 부인의 가르침을 받고 방을 나와 그대로 외워 말했다. "여봐라, 듣거라! 소야 이왕 지사 죽었으니 가죽은 벗겨 나라에 바치고 고기와 뼈를 팔아 그 돈으로 자그마한 송아지를 사서 키워 큰 소 대신 주라고 하여라!"

상소하러 온 두 사람은 "예, 분부대로 하겠습니다." 하고 돌아갔다. 부임 둘째 날의 송사풀이는 그래도 부인이 시키는 대로 하여 무난하게 마무리되었다.

그런데 그 다음날에는 이런 송사가 들어왔다. 두 노인이 장기를 두다가 외통수에 걸린 노인이 한 수만 물려 달라고 사정사정 했으나 상대 노인이 끝내 물려 주지 않자, 화가 나 장기판을 집어던진 게 그만 상대 노인의 얼굴에 맞아 그 노인이 그 자리에서 숨을 거둔 것이다. 그리하여 죽은 노인의 아들이 신관 사또에게 송사를 올렸다.

사연을 듣고 난 사또는 이 일을 부인에게 물었다가 또 핀잔을 듣겠다 싶어 망설이고 있었다. 그러다 문득 어제 죽은 소에 대한 상소를 처리한 일이 떠올랐다. '옳지, 그대로 하면 되겠지'라고 생각한 사또는 "에헴!" 하고 큰 기침을 하고는 다음과 같이 선고했다.

"여봐라, 듣거라! 죽은 거야 이왕지사 죽었으니 가죽은 벗겨 나라에 바치고 고기와 뼈를 팔아 그 돈으로 조그마한 아이를 하나 사서 키운 후에 아비를 대체하도록 하여라!"

판결을 들은 죽은 노인의 아들은 너무도 기가 막혀 관아를 나오기 무섭게 모여 있던 사람들에게 이 판결을 알렸다. 고을 사람들은 분개한 나머지 힘을 합해 무지막지한 사또를 내쫓았다. 이리하여 그의 사또 노릇은 겨우 사흘 만에 끝나고 말았다.

예로부터 전해 오는 이야기다.

신관 사또는 어쩌다 사흘밖에 사또 노릇을 못하고 쫓겨나게 되었을까? 바로 그가 내린 판단이 너무나도 황당했기 때문이다. 그릇된 판단으로 인해 생활 속에서 중대한 과오를 저지른 예는 쉽게 볼 수 있다.

이 이야기를 통해 우리는 정확한 판단은 정확한 행동의 필수 전제 조건이며, 잘못된 행동은 대개 잘못된 판단의 필연적 결과라는 사실을 배운다. 따라서 판단에 관한 논리학의 기본을 공부하면 분석 능력을 높일 수 있으며, 우리가 옳은 판단을 내리는 데 이는 큰 도움이 될 것이다.

그러면 판단이란 무엇인가? 판단은 사고 대상에 대해 '그것은 무엇이다'라고 단정하는 사고 형식을 말한다. 사고의 대상, 즉 사물, 현상, 사상,

언어 등의 성격, 관계, 상태 등에 대해 무엇이라고 긍정 또는 부정을 표시하는 사고 형식이 바로 판단이다.

판단은 객관적 사태에 대한 반영이자 설명이므로 거기에는 객관적 사태[7]의 실상에 일치하는가 일치하지 않는가 하는 문제가 생기게 된다. 만약 그 판단이 객관적 사태의 실상과 일치하면 옳은 판단이고, 일치하지 않으면 그릇된 판단이다. 그러므로 판단의 진리 여부는 결코 사람들의 주관적 의지에 좌우되지 않으며, 판단의 진리 여부를 검증하는 유일한 기준 역시 사회 속 실천이어야지 사람의 주관적 의지는 될 수 없다.

그러나 관념론자[8] 들은 판단의 진리 여부는 판단과 판단 간의 정합성(整合性)[9] 혹은 일관성 여하에 달렸다고 주장한다. 다시 말해 거짓말이라도 말과 말이 서로 어울리면 진리로 볼 수 있다는 것이다. 실용주의자[10]는 판단이 자신에게 유리한 것이기만 하면 옳은 판단으로, 그렇지 않으면 그릇된 판단이라고 주장한다.

---

7) 사태: 독일어 Sachverhalt의 번역어로, 어떤 성질이 개체나 집합관계 등에 귀속되거나 어떤 관계가 개체나 집합 간, 개체와 집합의 성질들 간에 성립하는 것을 말합니다. 예를 들어 지구가 행성이라는 것도 하나의 사태고, 지구가 태양의 주위를 돈다는 것도 또 다른 하나의 사태입니다.
사태와 '사실(Tatsache)'은 구별되어야 합니다. 사실은 객관적 실재나 인간의 의식 속에 실제로 존재하는 사태입니다. 그러나 사실이 아닌 사태, 즉 이와 같은 의미에서 존재하지 않는 사태도 있습니다. 예컨대 지구가 본질적으로 금으로 이루어져 있다는 사태는 사실이 아닙니다.

8) 관념론자(idealist): 관념이나 정신의 우선성 또는 심리적인 것이나 감각의 우선성에 입각해 물질이나 객관적으로 실재하는 세계보다 궁극적으로 '의식'이 규정적인 것이라 주장하는 경향을 지닌 사람을 지칭합니다.

9) 정합성(coherence): 어떤 논리 체계에 있어서 정리(定理)로 인정된 것과 모순되는 것을 동시에 정리로서 인정하지 않는 경우 그 논리 체계가 가진 특성을 가리키는 말입니다. 일관성, 무모순성과 같은 의미입니다.

10) 실용주의자(pragmatist): 진리의 기준이 객관적인 실제 세계와의 일치 여부가 아닌, 판단이나 명제가 지닌 유용성, 효과, 결과라고 주장하는 학설을 옹호하는 사람을 말합니다.

우리는 일상생활 속에서 그릇된 판단을 내리는 경우가 적지 않다. 이것은 타당한 판단을 내리는 일이 결코 쉽지 않음을 보여 주는 증거라 하겠다.

도끼를 잃어버린 농부
타당한 판단의 전제 조건

옛날에 도끼를 잃어버린 한 농부가 있었다. 농부는 틀림없이 옆집 젊은이가 훔쳐갔다 여기고 젊은이의 거동을 유심히 관찰했다. 걷는 모양이며 말하는 목소리, 그의 일거일동이 다 자기 도끼를 훔친 사람처럼 보였다. 그래서 농부는 그 젊은이가 도끼를 훔쳐갔다고 단정했다.

그런데 그 후 며칠이 안 되어 산에 간 농부는 잃어버린 도끼를 찾게 되었다. 며칠 전 산에서 나무를 하다 방심해 도끼를 두고 왔던 것이다.

이튿날 옆집 젊은이와 만난 농부가 젊은이를 이리저리 뜯어보니, 그의 걷는 모양이나 말하는 목소리, 행동 하나하나가 자기 도끼를 훔친 사람 같지 않아 뵈는 게 아닌가.

농부가 주관적 억측으로 선량한 사람을 잠시나마 도둑으로 간주했으니, 어처구니없는 일이라 하지 않을 수 없다. 타당한 판단을 내리려면 다음의 네 가지 사항에 유의해야 한다.

첫째, 사실에 근거해야 한다. 즉 판단 내용이 진실해야 한다. 위 이야기에서도 알 수 있듯 객관적 사태의 실제 상황을 정확히 반영하는 판단만이 타당한 판단이 될 수 있다. 따라서 우리는 언제나 객관적이고 주도면밀한 조사 연구를 판단의 전제로 삼아야 한다.

둘째, 논리에 맞아야 한다. 즉 판단 형식이 정확해야 한다. 타당한 판단을 내리려면 우선 그 판단을 구성하는 개념이 명확하고 정확해야 하며, 판단을 구성하는 개념과 개념 간 연결 또한 타당해야 한다.

셋째, 실천의 필요에 부응해야 한다. 즉 판단이 공담(빈말)으로 구성되어서는 안 된다. 객관적인 세계를 인식하고 합리적 실천을 뒷받침하는 도구로서의 판단은 실천에서 나오며, 또 실천에 기여해야 한다. 따라서 실제 문제를 해결하지 못하거나 문제에 답을 주지 못하는 판단은 타당한 판단이라고 할 수 없다.

한 여학생이 의사에게 "선생님, 새벽 조깅이 여학생들의 건강에 좋은가요, 나쁜가요?" 하고 물었다고 하자. 의사는 "생리학적 원리에 부합되면 좋고, 그렇지 않으면 나쁘지요."라고 대답했다.

의사의 대답은 학생이 알고 싶어한 실질적인 문제에 답을 주지 못한 빈말에 지나지 않는다. 공담으로 구성된 판단은 내용이 모두 거짓이거나 그 형식이 모두 틀린 것은 아니지만, 실천을 위한 요구에 부합되지 않기 때문에 타당한 판단이 될 수 없다.

넷째, 판단은 언어로 표현되므로 타당한 판단을 내리려면 언어, 특히 문법을 잘 공부하고 익혀야 한다. 일정한 언어 훈련은 타당한 판단을 내리는 데 필수적이다. '정의는 승리할 수 있다'는 판단은 물론 진실된 것이다. 그러나 그 표현 방식이 인류 역사 발전의 필연성을 제대로 반영하지 못했다는 점에서, 이 판단은 타당하지 못하다. 반면 '정의는 꼭 승리한다'는 판단은 그 형식에 있어 인류 역사 발전의 필연적인 합법칙성을 반영하고 있으므로 타당한 판단이다. 우리는 문장의 의미를 잘 분석하면서 적당한 판단 형식을 취할 수 있어야 한다.

고양이를 그린 원님
판단과 문장의 관계

옛날에 범 그리기를 무척 즐기는 원님이 있었다. 그런데 그가 그린 범은 어느 것 할 것 없이 모조리 고양이처럼 보였다.

어느 날 원님이 또 범을 그려 벽에 붙여 놓고는 하인을 불러 물었다.

"네가 보건대 이 그림이 무엇 같은고?"

"고양이 같습니다. 나리!"

하인은 본 대로 솔직하게 대답했다.

이에 화가 난 원님은 "우라질놈, 눈깔에 똥물이 튀었나! 범을 보고 고양이라고 하다니!" 하고 욕설을 퍼붓고는 그 하인에게 곤장 사십 대라는 벌을 내렸다.

이윽고 원님은 다른 하인을 불러 물어보았다.

"말해 보거라. 이 그림이 무엇 같은고?"

"나리, 감히 말씀을 올리지 못하겠나이다."

"두려울 게 뭔고? 어서 대답해 보거라!"

"소인은 나리님이 두렵습니다."

원님은 화가 났다.

"그렇다면 나는 누구를 겁낼 것 같은고?"

원님이 따지고 들었다.

"나리께서는 임금을 무서워하시지요?"

"임금은 누구를 무서워하느냐?"

"하늘을 무서워하시나이다."

"그렇다면 하늘은 무엇을 겁내느냐?"

원님은 더욱더 다그쳐 물었다.

"하늘은 구름을 겁내나이다."

"구름은 뭘 무서워하느냐?"

"구름은 바람을 무서워하지요."

"바람은 뭘 두려워하느냐?"

"바람은 담벽을 두려워합니다."

"담벽은 뭘 겁내느냐?"

"담벽은 쥐를 겁내지요."

"쥐는 뭘 무서워하느냐?"

하인은 벽에 붙은 그림을 가리키며 대답했다.

"쥐는 아무것도 무서워하지 않지만 유독 나리님이 그리신 이 그림을 무서워합니다!"

"엉?!"

원님은 하인을 뚫어지게 쏘아볼 뿐 아무런 대꾸도 하지 못했다.

이 이야기에서 우리는 문장을 달리 해도 동일한 판단을 표현할 수 있음을 알게 된다. 첫 번째 하인은 "고양이 같습니다. 나리!" 하고 대답했는데, 이 말은 '나리께서 그린 것은 고양입니다'라는 판단을 표현한 것이다. 그리하여 그는 호되게 곤장을 맞았다.

그런데 두 번째 하인은 원님의 물음에 직접 대답하지 않고 화제를 다른 데로 끌고가다가 나중에야 "쥐는…… 이 그림을 무서워합니다!"라고 대답했다. 이 말 역시 '나리께서 그린 것은 고양입니다'라는 판단을 표현한 것이다. 그러나 두 번째 하인은 의사를 제대로 표현하고서도 곤장을 피해 갈 수 있었다.

그러면 판단과 문장의 관계는 어떠한가?

판단은 언제나 문장 형태로 언어를 통해 표현되고 전달된다. 즉 문장은 판단의 표현 형식이며 판단은 문장 속에 담긴 내용이다. 그러므로 판단과 문장은 서로 밀접한 연관을 갖는다. 그러나 문장과 문장으로 표현되는 사고 형식으로서의 판단은 동일하지 않다.

판단과 문장의 다른 점은 대체로 다음과 같다.

첫째, 각각 다른 문장으로 동일한 판단을 표현할 수 있다. 앞의 원님 이야기가 바로 그런 경우다.

다른 예로, '모든 사물은 변화한다', '변화하지 않는 사물은 없다', '변화하지 않는 사물이 어디에 있는가'라는 세 개의 다른 문장은 모두 동일한 판단을 표현하고 있다.

둘째, 동일한 문장이 다른 판단을 표현할 수 있다. 동음이의어로 구성된 문장은 상황에 따라 다른 판단을 표현한다. '그는 이제야 눈을 떴다'는 문장은 '그는 지금까지 감았던 눈을 떴다'는 판단을 표현할 수도 있고, '그는 이제야 사물을 제대로 볼 수 있게 되었다'는 판단을 표현하는 것일 수도 있다.

언어 환경과 객관적 상황의 차이에 따라 동일한 문장이 서로 다른 판단을 표현할 수 있다. 예를 들면 '**논리학**은 그 학교 교사들이 가르친다'는 문장은 '논리학만은 그 학교 교사들이 가르친다'는 판단을 표현할 수도, 또 '논리학은 다른 학교의 교사가 아니라 바로 **그 학교** 교사가 가르친다'는 판단을 표현할 수도 있으며, 또 '논리학은 그 학교 사무원이 아니라 **교사**가 가르친다'는 판단의 표현일 수도 있다.

셋째, 어떤 판단이든 모두 문장으로 표현되지만 모든 문장이 다 판단을 표현하는 것은 아니다. 일반적으로 서술문은 판단을 표현하고, 의문문, 명령문, 감탄문은 판단을 나타내지 못한다. 그러나 의문문 가운데 반어문과 일부 명령문, 감탄문은 판단을 표현할 수 있다. '우리의 앞날은 얼마나 밝은가!'라는 감탄문의 실제 뜻은 '우리의 앞날은 아주 밝다'는 것이므로 대상에 대한 긍정을 표시하는 판단이 된다. 그리고 '그래, 우리 조상들이 훌륭한 민족문화를 창조하지 않았단 말인가?'와 같은 반어형 의문문이나 '여보게, 담배를 피우지 말게!'와 같은 명령문은 간접적으로 판단을 표현하는 것이다.

그 밖에 판단의 언어 형식에는 여러 가지 생략이 있다는 점도 알아야 한다. 예를 들어 "그는 고등학생입니까?" 하고 물었을 때, "그는 고등학생입니다."라고 대답할 수도, "그렇습니다." 또는 "옳습니다."라고 대답할 수도 있으며, 아니면 그저 "예."라고 대답할 수도, 그냥 머리만 끄덕여 표현할 수도 있다. 이와 같은 여러 형식들 모두 '그는 고등학생입니다.'라는 판단을 나타내는 게 된다.

작가 빅토르 위고는 『레 미제라블』 원고를 투고한 출판사에서 오래도록 소식이 없자 출판사에 편지 한 통을 보냈는데, 편지지에 커다란 물음표 하나만 쓴 게 그 내용의 전부였다.

편지를 받아 본 출판사에서 위고에게 보낸 답장에는 커다란 느낌표 하나만 써 있었다. 그 후 얼마 지나지 않아 걸작 『레 미제라블』이 세상에 나왔다.

위고와 출판사 사이에 오고 간 두 통의 편지에는 문장부호 하나씩만 적혀 있었으나, 그 뜻은 분명했다. 위고의 '?'는 '나의 작품이 출판될 수 있는가?' 하고 물은 것이고, 출판사의 '!'는 '사람들을 경탄케 하는 훌륭한 작품이다!'라는 회신이었던 것이다. 여기에서 느낌표는 하나의 판단이 되겠다.

판단과 그 언어 표현 형식과의 차이를 제대로 알아야만 우리는 다른 사람의 의사를 제대로 파악하고 서로 원활하게 교류할 수 있게 된다.

우물 안 개구리
판단의 종류

어느 날 강에 사는 개구리가 우물 안에 사는 개구리네로 놀러 왔다. 우물 안 개구리는 만나자마자 제 자랑부터 늘어놓았다.

"우물 안에서는 내가 제일이지요. 내가 나타나기만 하면 모든 벌레들이 무서워서 쩔쩔매거든요. 그리고 하늘은 우물만 하니 내가 바로 천하의 왕이라 해도 틀린 말이 아니지요!"

강에 사는 개구리는 식견이 좁은 우물 안 개구리 말이 하도 어처구니없어 차근차근 일깨워 주었다.

"자네 말은 틀렸네. '하늘은 우물만 하다'는 말은 뭘 모르고 하는 소리네. 하늘은 얼마나 큰지 우물과는 비교할 수도 없네. 만일 아우가 '하늘의 어느 한 부분이 우물만 하다'고 한다면 그것은 옳은 말이네."

이 우화에서 우물 안 개구리는 '하늘은 우물만 하다'고 했는데, 이는 전칭(全稱)판단이다. 즉 판단 대상인 '하늘'의 전체가 우물만 하다고 판단한 것이다. 그리고 강에 사는 개구리는 '하늘의 어느 한 부분이 우물만 하다'고 했는데 이것은 특칭(特稱)판단이다. 즉 판단 대상인 '하늘'의 전체가 아니라 특정한 한 부분이 우물만 하다고 판단한 것이다.

판단 대상의 정황이 다종다양하고 대상에 대해 긍정하거나 부정하는 판단 방식도 다종다양하므로 판단 형식 역시 다종다양해진다. 이런 여러 가지 판단 형식들은 다음과 같이 구분된다.

판단은 주어(주사)와 술어(빈사)의 연결 방식에 근거해 후천적 판단과 선천적 판단으로 나뉜다. 후천적 판단은 또 판단 자체가 기타 판단을 포함하는가 그렇지 않은가에 따라 단순판단과 복합판단으로 구분된다. 단순판단은 그것이 단정하는 것이 대상의 성질인가 아니면 대상의 관계인가에 근거해 다시 정언(定言)판단(성질판단)과 관계판단으로 구분된다. 정언판단은 또 그 양과 질에 근거해 단칭(單稱)긍정판단, 단칭부정판단, 특칭(特稱)긍정판단, 특칭부정판단, 전칭(全稱)긍정판단, 전칭부정판단으로 나뉜다.

관계판단은 관계의 논리적 특성에 따라 크게 대칭성 관계와 전체성 관계로 구분된다.

복합판단은 그것을 구성하는 각 단순판단의 결합 상황의 차이에 따라 조건(가언)판단, 선언판단, 연언판단, 그리고 부(負)판단(판단의 부정을 뜻하는데, 이하 '부정판단'으로 표기한다)으로 나뉘게 된다.

선천적 판단은 판단에서 단정하는 것이 사태의 개연성인가 필연성인가에 근거해 개연판단과 필연판단으로 구분된다.

정언판단의 여섯 가지 형식 가운데 단칭판단은 논리적 성격 면에서 전칭판단과 동일하므로 전칭판단으로 인정된다. 그러므로 정언판단을 일반적으로 전칭긍정판단, 전칭부정판단, 특칭긍정판단, 특칭부정판단으로 나눌 수 있다.

전칭긍정판단이란 한 유(類)의 대상 전부가 어떤 성질을 가졌다고 단정하는 판단을 말한다. 다시 말해 양적인 면에서 보면 전칭이고 질적인 면에서 보면 긍정인 판단이다. 앞의 우화에서 '하늘은 우물만 하다'고 말한 우물 안에 사는 개구리의 판단이 바로 전칭긍정판단이 된다. 전칭긍정판단을 A판단[11])이라 하며, 이를 공식으로 '모든 S는 P다'라고 나타낼 수 있다.

전칭부정판단이란 한 유의 대상 전부가 어떤 성질을 지니지 않았다고 단정하는 판단을 말한다. 양적인 면에서 전칭, 질적인 면에서 부정인 판단이다. '모든 지식은 선천적인 것이 아니다'라는 판단은 전칭부정판단이다. 전칭부정판단을 E판단[12])이라 하며, 공식은 '모든 S는 P가 아니다'가 되겠다.

특칭긍정판단이란 어떤 유의 대상 일부가 어떤 성질을 가지고 있다고 단정하는 판단을 말한다. 양적인 면에서 특칭이고, 질적인 면에서 긍정인

---

11) A판단: 전칭긍정판단의 약어로 'affirmo'에서 '나는 긍정한다' 또는 '나는 주장한다'는 뜻의 라틴어 표현 첫 글자를 따온 것입니다. 전통 논리학에서 'SaP'는 '모든 S는 P다'를 의미합니다.

12) E판단: 전칭부정판단의 약어로 '나는 부정한다'는 뜻의 라틴어 'nego'의 두 번째 글자를 따온 것입니다. 전통 논리학에서 'SeP'는 '모든 S는 P가 아니다' 또는 '어떤 S도 P가 아니다'를 의미합니다.

판단이다. '하늘의 어느 한 부분은 우물만 하다'라고 말한 강에 사는 개구리의 판단은 특칭긍정판단이다. 특칭긍정판단은 I판단[13]이라 하며, 공식으로 표시하면 '어떤 S는 P다'가 된다.

특칭부정판단이란 어떤 유의 대상 일부가 어떤 성질을 지니지 않는다고 단정하는 판단을 말한다. 양적인 면에서 특칭이며, 질적인 면에서 부정인 판단이다. '어떤 학생은 모범 학생이 아니다'라는 판단은 특칭부정판단이다. 특칭부정판단은 O판단[14]이라 하며, 공식으로는 '어떤 S는 P가 아니다'로 나타낸다.

---

13) I판단: 특칭긍정판단의 약어로 '나는 긍정한다'는 'affirmo'의 네 번째 글자를 따온 것입니다. 전통 논리학에서 'SiP'는 '어떤 S는 P다'를 의미합니다.

14) O판단: 특칭부정판단의 약어로, 'nego'에서 네 번째 글자를 취했습니다. 전통 논리학에서 'SoP'는 '적어도 하나의 S는 P가 아니다'를 의미합니다.

흡연을 둘러싼 논쟁
판단의 대당관계

젊어서부터 담배를 피우기 시작한 골초가 있었다. 그는 "담배를 피우면 병이 생기기는커녕 도리어 살균작용을 해 줘 신체가 더 건강해진다."고 말하고 다녔다.

하루는 친구들끼리 모여 그의 이런 주장을 두고 논쟁을 벌이게 되었다.

담배를 피우지 않는 한 친구는 "흡연은 기관지를 자극해 기관지염에 걸리기 쉽게 만든다는 기사가 의학잡지에 실린 걸 본 적 있어!" 하고 반박했고, 이에 다른 친구가 "한 연구소의 조사에 따르면 담배를 피우는 사람이 담배를 피우지 않는 사람보다 폐암에 걸릴 확률이 높대."라며 거들었으며, 다른 한 친구는 "담배를 피우면 심장병, 신경쇠약, 위장병에 걸릴 수 있어."라고 덧붙였다.

이런 반론에 골초 친구는 "너희들 말에 따르자면 모든 병이 흡연으로 생긴다는 거잖아. 하지만 우리 할아버지는 열두 살 때부터 담배를 피우셨어도 여든 살인 지금도 정정하시고, 나 역시 어려서부터 담배를 피웠지만 여전히 이렇게 건강한걸!" 하고 우겼다.

이 논쟁에는 다음 네 가지 판단이 들어 있다.

① 전칭긍정판단 : '모든 병은 담배를 피우기 때문에 생긴다.'

② 전칭부정판단 : '모든 병은 담배를 피워서 생긴 것이 아니다.'

③ 특칭긍정판단 : '어떤 병은 담배를 피우기 때문에 생긴다.'

④ 특칭부정판단 : '어떤 병은 담배를 피워서 생긴 것이 아니다.'

이상과 같이 생각하는 대상에 대해 직접적으로 긍정 또는 부정하는 판단을 정언판단(성질판단이라고도 한다)이라고 한다. 그리고 전칭긍정판단을 A, 전칭부정판단을 E, 특칭긍정판단을 I, 특칭부정판단을 O라고 약칭한다. 이 네 가지 정언판단 간 관계를 파악하면 위 논쟁에서 누가 옳고 그른지 쉽게 알아낼 수 있다.

담배를 피우는 친구가 '모든 병은 담배를 피우기 때문에 생긴 것이 아니다'라고 주장하는 것은 E판단이고, 그 형식(주어를 S로 표기하고 술어를 P로 표기한다)은 '모든 S는 P가 아니다'이다.

담배를 피우지 않는 친구가 '어떤 병은 담배를 피우기 때문에 생긴다' 라고 주장하는 것은 I판단이고, 형식은 '어떤 S는 P다'이다.

'모든 S는 P가 아니다'라는 E판단과 '어떤 S는 P다'라는 I판단은 논리적으로 모순관계(두 판단이 모두 참일 수 없고, 또 두 판단 모두 거짓일 수 없는 관계)에 있다.

가령 E판단이 참이면 I판단은 거짓이 되고, I판단이 참이면 E판단이 거짓이 된다. '어떤 병은 담배를 피우기 때문에 생긴다'라는 I판단은 참이다. 따라서 '모든 병은 담배를 피우기 때문에 생긴 것이 아니다'라는 E판단은 거짓이다.

담배를 피우지 않는 친구가 '어떤 병은 담배를 피우기 때문에 생긴다'고 주장했다 해서 바로 그가 '모든 병은 담배를 피우기 때문에 생긴다'고 여긴다고 억지 주장을 펴는 것은 논리에 맞지 않는다. '어떤 S는 P다'라는 I판단은 '모든 S는 P다'라는 A판단과 동일한 것이 아니다.

A판단과 I판단은 논리적으로 대소관계(두 판단이 동시에 참이 될 수 있으며 동시에 거짓이 될 수 있는 관계)다. 가령 A판단이 참이면 I판단도 참이며, A판단이 거짓이면 I판단이 미정이며, I판단이 거짓이면 A판단도 거짓, I판단이 참이면 A판단이 미정이 된다. 그러므로 '어떤 병은 담배를 피우기 때문에 생긴다'는 I판단으로부터 '모든 병은 담배를 피우기 때문에 생긴다'는 A판단을 도출해 내는 것은 논리적이지 못하다.

담배를 피우는 친구는 또 '모든 병은 담배를 피우기 때문에 생긴다'는 A판단으로부터 '모든 병은 담배를 피우기 때문에 생긴 것이 아니다'라는 E판단을 도출했는데, 역시 논리에 맞지 않는다.

'모든 S는 P다'라는 A판단과 '모든 S는 P가 아니다'라는 E판단은 논리적으로 반대관계(두 판단이 동시에 참일 수는 없으나 동시에 거짓일 수 있는 관계)에 있다. 가령 A판단이 참이면 E판단이 거짓이고, A판단이 거짓이면 E판단이 미정이며, E판단이 참이면 A판단이 거짓이고, E판단이 거짓이면 A판단이 미정이다. 따라서 '모든 병은 담배를 피우기 때문에 생긴다'는 A판단이 거짓이라 해서 '모든 병은 담배를 피우기 때문에 생긴 것이 아니다'라는 E판단이 참임을 도출해 낼 수 없는 것이다.

끝으로, '어떤 병은 담배를 피우기 때문에 생긴 것이 아니다'라는 O판단이 참이라 해서 '어떤 병은 담배를 피우기 때문에 생긴다'는 I판단이 거짓임을 도출해 낼 수 없다.

'어떤 S는 P다'라는 I판단과 '어떤 S는 P가 아니다'라는 O판단은 논리적으로 소반대관계(두 판단이 모두 참일 수 있으나 두 판단이 모두 거짓일 수는 없는 관계)다. 가령 I판단이 참이면 O판단이 미정이고, I판단이 거짓이면 O판단이 참이며, O판단이 참이면 I판단이 미정이고, O판단이 거짓이면 I판단이 참이다. 그러므로 '어떤 병은 담배를 피우기 때문에 생긴 것이 아니다'라는 O판단이 참이라 해서 '어떤 병은 담배를 피우기 때문에 생긴다'는 I판단이 거짓임을 도출해 내는 것은 논리에 안 맞는다. 사실 이 두 판단 모두가 참이다.

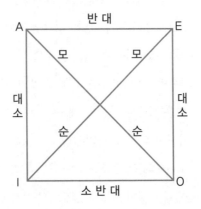

이상의 네 가지 판단 간 관계를 사각형으로 나타낸 것(왼쪽 그림)을 논리적 정방형이라 하고, 논리적 정방형으로 표시되는 A, E, I, O 네 가지 판단 간 관계를 판단의 대당관계(對當關係)[15]라고 부른다.

이런 대당관계에 의거해 우리는 하나의 판단이 참인지 거짓인지를 통해 나머지 세 가지 판단의 참과 거짓 여부를 밝힐 수 있다. 따라서 판단 간 대당관계를 파악하고 논리적 정방형을 적용할 줄 알면 문제를 사고하고 옳게 해명하는 데 큰 도움이 된다.

재미있는 일화를 하나 소개한다.

작가 마크 트웨인은 1870년 장편소설 『도금시대』를 발표해 미국 정부의 부패와 정치인, 부유층의 비열한 모습을 신랄하게 폭로했다.

소설이 출판되고 얼마 지나지 않아 트웨인은 한 연회에 참석해 기자의 물음에 대답하면서 "미국 국회의 어떤 의원은 썩어 빠졌다!"라고 말했다.

기자는 며칠 후 이 말을 그대로 신문에 실었는데, 당연히 분노한 워싱턴 D.C.의 의원들은 일제히 트웨인에게 사실을 구체적으로 밝히거나, 잘못을 인정하는 사과문을 신문에 내지 않으면 법률적 조치를 강구하겠다고 위협했다.

며칠 후 「뉴욕타임즈」에는 다음과 같은 마크 트웨인의 '성명'이 게재되었다.

"며칠 전 나는 연회에서 '미국 국회의 어떤 의원은 썩어 빠졌다!'라고 말했다.

---

15) 대당관계(relation of opposition): 전통 논리학에서 두 명제끼리 대립되는 관계를 표현하는 용어로, 대립관계라고도 합니다.

그 후 몇몇 사람들이 잘못을 사과하라며 계속해서 나를 협박했다. 이에 나는 다시 생각해 보았는데, 연회에서 한 그 말은 별반 타당하지 않을 뿐 아니라 사실과도 부합되지 않는다 보았다. 따라서 나는 오늘 특별히 성명을 내고 그 말을 다음과 같이 수정하는 바다.

'미국 국회의 어떤 의원은 썩어 빠지지 않았다!'"

그럼 지금부터 판단의 대당관계로서 마크 트웨인의 두 가지 판단을 살펴보기로 하자.

트웨인이 연회에서 '미국 국회의 어떤 의원은 썩어 빠졌다'고 한 것은 '어떤 S는 P다'라는 I판단이다. 그 후 신문 성명을 통해 '미국 국회의 어떤 의원은 썩어 빠지지 않았다'고 한 것은 O판단이 된다.

판단의 대당관계를 통해 익혔듯 I판단과 O판단은 소반대관계로서 두 판단 모두 참일 수 있다. 다시 말하면 성명에서 밝힌 '미국 국회의 어떤 의원은 썩어 빠지지 않았다'는 판단이 참이라 해서 연회에서 말한 '미국 국회의 어떤 의원은 썩어 빠졌다'는 판단이 거짓이 되지는 않는 것이다.

트웨인은 이런 교묘한 방법으로 미국 국회의원들을 경멸하는 자신의 뜻을 굽히지 않았던 것이다.

남산에 오른 세 친구

관계판단

서울에 사는 현배와 길수는 어느 날 광주에서 온 태호를 데리고 남산에 올랐다.

현배는 태호에게 "우리 집은 남산에서 멀지 않기 때문에, 천천히 걸어 30분 내로 갈 수 있어."라고 말했다.

그러자 길수도 "우리 집도 마찬가지야. 천천히 걸어도 반 시간이면 갈 수 있거든." 하고 거들었다.

그 말을 듣고 태호가 말했다.

"그렇다면 너희들 두 집 간 거리도 멀지 않겠구나!"

그런데 현배와 길수는 "아니야, 우리 두 집 사이는 굉장히 멀어. 아마 버스로 가도 30분은 걸릴 거야." 하고 대답하는 게 아닌가?

"아니, 어떻게 그렇게 되지?"

태호는 이해가 되지 않는다는 눈으로 두 친구를 바라보았다.

현배와 길수 둘 다 '우리 집은 남산에서 멀지 않다'고 했고, 태호는 '너희들 두 집 간 거리도 멀지 않겠구나'라고 했는데, 이것은 모두 관계판단에 해당된다.

관계판단이란 무엇일까? 관계판단은 사태와 사태 간 관계를 단정하는 판단을 말한다. 관계는 언제나 둘 혹은 둘 이상의 사태에서 존재하게 되므로, 관계판단에서 단정하는 대상은 둘 혹은 그 이상이다. 다시 말해 관계판단은 두 개 이상의 주어를 가진다. 관계판단은 관계(술어), 관계명사(주어), 그리고 양화사(量化詞)[16]로 구성된다.

구성 부분에 따라 두 명사 관계를 가지는 관계판단을 공식으로 표기하면 다음과 같다.

aRb

공식에서 a는 관계전명사를, b는 관계후명사를 표시하며 R은 관계를 나타낸다.

---

16) 양화사(quantifier): 보편양화사와 존재양화사를 총괄해 일컫는 개념입니다. 예컨대 형식논리학에서 보편양화사는 '모든 사람은 죽는다'에서 '모든'과 같은 전체를, 존재양화사는 '소크라테스는 죽었다'에서 '소크라테스'와 같은 개체를 의미합니다. 일반적으로 보편양화사는 기호 (x)로, 존재양화사는 (∃x)로 표기합니다.

관계판단은 관계의 논리적 성격에 따라 관계의 대칭성, 관계의 이행성으로 나뉜다.

관계의 대칭성

관계의 대칭성 문제는 a와 b 간 R관계가 있을 때, b와 a 간에도 R관계가 있는지 여부를 밝히는 것이다. a가 b에 대해 어떤 관계가 있다면 b도 a에 대해 동일한 관계를 갖는가, 즉 aRb가 성립할 때 bRa도 성립하는지를 밝히는 것이 관계의 대칭성 문제다. 관계의 대칭성에는 다음의 세 가지 경우가 있다.

첫째, 대칭적 관계.

aRb가 정확히 성립할 때 bRa도 반드시 성립하는 경우다. a가 b에 대해 어떤 관계가 있다면 b도 a에 대해 그런 관계를 갖는 경우를 말한다. 예를 들어 '김 씨와 박 씨는 한고향 사람이다'라는 판단에서 '한고향 사람'은 대칭적 관계가 된다. 김 씨가 박 씨와 한고향 사람이라면 박 씨도 김 씨와 한고향 사람이기 때문이다.

둘째, 반대칭적 관계.

aRb가 정확히 성립할 때 bRa가 반드시 거짓이 되는 경우를 말한다. 다시 말해 a가 b에 대해 어떤 관계를 가질 때 b는 a에 대해 그런 관계를 갖지 않는 것이다. '한국 축구팀은 일본 축구팀을 이겼다'는 판단은 반대칭적 관계다. 왜냐하면 한국 축구팀이 일본 축구팀을 이겼다면 일본 축구팀은 한국 축구팀을 이길 수 없기 때문이다.

셋째, 비대칭적 관계.

aRb가 정확히 성립할 때 bRa는 성립될 수도, 그렇지 않을 수도 있는 것을 말한다. a가 b에 대해 어떤 관계를 가질 때 b는 a에 대해 그런 관계가 있을 수도 없을 수도 있다. '현배는 경자를 사랑한다'라는 판단은 비대칭적 관계다. 현배는 경자를 사랑하지만 경자는 현배를 사랑할 수도, 사랑하지 않을 수도 있기 때문이다.

관계의 이행성

관계의 이행성 문제는 a와 b 간 R관계가 있으며, b가 c와도 R관계가 있을 때, a와 c 간 R관계가 성립하는지를 밝히는 것이다. 다시 말하면 aRb가 참, bRc도 참일 때 aRc도 참인지 여부가 문제가 된다. 관계의 이행성에도 다음의 세 가지 경우가 존재한다.

첫째, 이행적 관계.

aRb가 참이며 bRc도 참일 때 aRc가 반드시 참이 되는 경우다. a가 b에 대해 어떤 관계가 있고 b는 c에 대해 그런 관계가 있으면, a도 c에 대해 꼭 그런 관계를 갖는 것을 말한다. '현배는 길수보다 나이가 어리고 길수는 태호보다 나이가 어리다면, 현배는 태호보다 나이가 어리다'는 판단이 여기에 해당된다.

둘째, 반이행적 관계.

aRb가 참, bRc도 참일 때 aRc는 반드시 거짓인 경우다. a와 b 간 어떤 관계가 있으며 b와 c 또한 그런 관계가 있지만, a와 c 간에 반드시 그런 관계가 없을 때를 말한다. '현배는 남호보다 세 살 많고 남호는 동수보다 세 살 많다면 현배는 동수보다 꼭 세 살 많은 게 아니다'라는 판단이 여기에 해당된다.

셋째, 비이행적 관계.

aRb가 참이고 bRc도 참일 때 aRc는 참일 수도, 거짓일 수도 있는 경우다. a와 b 간 어떤 관계가 있고 b와 c 간에도 그런 관계가 있을 때, a와 c

간에 그런 관계가 있을 수도 없을 수도 있는 것을 말한다. '현배는 길수를 알고 길수는 태호를 안다면, 현배는 태호를 알 수도 모를 수도 있다'는 것이 비이행적 관계에 해당된다.

관계판단에서 그 관계가 대칭적인지, 반대칭적인지, 비대칭적인지 정확히 구분하고, 또 그 관계가 이행적인가, 반이행적인가, 비이행적인가를 제대로 식별하는 일은 매우 중요하다. 관계판단을 적용할 때 이를 제대로 수행해야만 정확한 판단에 이를 수 있기 때문이다.

R관계가 대칭적 관계라는 것을 알았다면, aRb가 참이라는 사실로부터 bRa가 참임을 판명할 수 있으며, R관계가 반대칭적 관계임을 알았다면, aRb가 참이라는 사실에서 bRa가 거짓임을 알아낼 수 있다. 만약 R관계가 비대칭적 관계임을 알면, aRb가 참이라는 사실로부터 bRa의 참거짓 여부는 미정이라는 판단에 이르게 된다. 그러므로 사태 간 관계를 인식할 때는 이런 상이한 관계들을 반드시 구분해야 한다.

앞의 이야기에서 태호는 바로 이러한 관계를 구분하지 못했기 때문에 그릇된 판단을 하게 된 것이다.

현배와 길수 둘 모두 '우리 집은 남산에서 멀지 않다'고 했는데, 이 관계판단에서 '우리 집'과 '남산'은 관계명사이고 '……에서 멀지 않다'는 관계이며, 이는 대칭적 관계다. '우리 집은 남산에서 멀지 않다'가 참일 때 '남산은 우리 집에서 멀지 않다'도 참이 되기 때문이다. 따라서 우리는 '남산은 우리 집에서 멀지 않다'는 판단을 길수의 주장으로 삼을 수 있다.

태호는 현배와 길수의 말에 근거해 '너희들 두 집 간 거리도 멀지 않겠다'고 했는데, 이것은 '……에서 멀지 않다'는 관계를 이행적 관계로 삼은 판단이다. 다시 말해 '현배의 집은 남산에서 멀지 않으며', '남산은 길수의 집에서 멀지 않다'면 '현배의 집은 길수의 집에서 멀지 않다'고 여긴 것이다.

그런데 '……에서 멀지 않다'는 이행적 관계가 아닌 비이행적 관계에 해당된다. 다시 말해 현배의 주장(aRb)이 참이며, 길수의 주장(bRc)도 참이지만, 태호의 주장(aRc)은 옳을 수도(현배와 길수네 집 모두 남산에서 같은 방향에 있을 때), 틀릴 수도(현배네와 길수네 집이 각각 다른 방향에 있을 때) 있기 때문이다. 결론적으로 현배와 길수의 집은 남산에서 각각 다른 방향에 있기 때문에 두 사람은 태호의 판단에 동의하지 않았다.

원님과 '관상쟁이'

조건판단

산골에 사는 한 젊은이가 일자리를 얻으러 읍내에 들렀다가 주막에 묵게 되었다. 어느 날 고을 원님의 하인이 얼큰하게 술에 취해 주막으로 들어왔는데, 주인에게 욕설을 퍼부으며 무턱대고 주먹질을 하기 시작했다.

이를 본 젊은이는 못된 하인이 괘씸한 나머지 "그 녀석, 관상을 보아 하니 이틀을 못 넘기고 저승으로 가겠구먼!" 하고 악담을 해 주었다.

그런데 공교롭게도 그 하인이 이틀째 되는 날 갑자기 죽고 말았다. 그리고 산골에서 온 이 젊은이가 용한 관상쟁이라는 소문이 온 읍내에 퍼졌다.

소문을 들은 원님은 자기 하인을 죽인 젊은이를 혼내 주려고 젊은이를 잡아들였다.

"네 이놈! 관상을 그렇게 잘 본다는데, 네놈은 언제 죽을 것 같으냐?"

주위를 살펴보니 몽둥이를 들고 서 있는 포졸이 한가득이었다. 원님이 하인의 원수를 갚으려는 것이 분명했다. 이에 즉시 꾀를 낸 젊은이가 대답했다.

"예 나리, 저의 관상을 보고 또 나리의 관상을 보니 저는 나리보다 이틀 먼저 죽게 될 것 같습니다!"

이 말에 원님은 덜컥 겁이 났다.

'만약 오늘 이 젊은이를 때려 죽인다면 이틀 후에 내가 죽게 되는 것이 아닌가?'

그렇게 생각한 원님은 포졸에게 일러 젊은이를 속히 풀어 주라 하고는 부랴부랴 안방으로 들어갔다.

이야기에서 원님은 '만약 오늘 젊은이를 죽이면 이틀 후에 내가 죽게 될 것이다'라고 생각하는데, 이는 조건판단에 해당된다.

조건판단이란 어떤 상황이 다른 상황의 조건이라고 단정하는 판단이다. '만약 오늘 젊은이를 죽이면 이틀 후 내가 죽게 된다'는 판단에서, '만약 오늘 젊은이를 죽이면'이란 상황이 '이틀 후 내가 죽는다'는 상황을 필연적으로 야기하게 된다고 원님은 생각한 것이다. 이와 같이 일정한 조건에 근거해 다른 상황을 단정하는 판단을 조건판단이라 한다.

조건판단은 전건, 후건, 연결사 세 부분으로 구성된다. 조건을 표시하는 단순판단이 조건판단의 전건(前件), 이 조건에 근거해 성립되는 단순 판단을 후건(後件)이라 한다. 그리고 전건과 후건을 연결하는 부분이 연결사가 되겠다. 이야기에서 '오늘 젊은이를 죽인다'는 전건, '이틀 후 내가 죽게 된다'는 후건이며, '만일 ……라면'은 연결사다.

상황이 존재하는가 존재하지 않는가 하는 측면에서 조건의 성격을 구분하면 충분조건, 필요조건, 필요충분조건의 세 가지로 나눌 수 있다.

충분조건

전건 p가 존재하면 후건 q가 필연적으로 존재하게 되며, 전건 p가 존재하지 않으면 후건 q가 존재할 수도, 존재하지 않을 수도 있는 경우, 전건 p를 후건 q의 충분조건이라 한다.

'물체가 마찰하면 열이 발생된다'는 판단에서 '마찰'은 '열 발생'의 충분조건이 된다. 즉 '마찰'하면 필연적으로 '열이 발생'되지만 '마찰'되지 않았다 해서 꼭 '열이 발생'하지 않는 것은 아니다. 왜냐하면 열은 마찰이 아닌 전기나 태양광선, 불 등으로도 발생할 수 있기 때문이다.

필요조건

전건 p가 없다면 필연적으로 후건 q도 없으며, 전건 p가 있다면 후건 q는 미정으로 있을 수도, 없을 수도 있는 경우, 전건 p를 후건 q의 필요조건이라 한다.

'만약 질병이 없었다면 병원은 없었을 것이다'라는 판단에서 '질병'은 '병원'의 필요조건이다. 질병이 없다면 필연적으로 병원은 생겨날 수 없게 된다. 또 질병이 있다고 해서 꼭 병원이 생기는 것은 아니다.

필요충분조건

p가 존재하면 q도 존재하게 되고, p가 존재하지 않으면 q도 존재하지 않게 되는 경우, 전건 p를 후건 q의 필요충분조건이라 한다. 수요는 공급의 필요충분조건이다. 왜냐하면 수요가 있으니 공급이 있게 되고, 수요가 없으면 공급도 없어지기 때문이다.

조건판단은 이 세 가지 조건에 맞추어 충분조건 조건판단, 필요조건 조건판단, 필요충분조건 조건판단으로 구분된다.

충분조건 조건판단

하나의 상황이 다른 상황의 충분조건이라고 단정하는 판단이다. 예를 들어 '만약 통치자가 민의를 거스른다면 그 자신의 멸망을 앞당길 것이다'라는 판단은 충분조건 조건판단이다.

이를 공식으로 표시하면 다음과 같다.

만약 p라면 곧 q다. 혹은 A가 B라면 C는 D가 된다.

충분조건 조건판단의 연결사에는 '만약…… 한다면 ……', '가령…… 곧……', '만약…… 곧……', '……하기만 하면 곧……', '……일 때……' 등이 있다.

충분조건 조건판단에서 전건이 참이면 후건은 꼭 참이 되고, 전건이 거짓이면(존재하지 않는다면) 후건은 미정으로서 참이 될 수도(존재할 수도) 거짓이 될 수도 있다(존재하지 않을 수도 있다). 그러므로 전건이 참이고 후건이 참인 경우와 전건이 거짓이고 후건이 참인 경우, 전건이 거짓이고 후건이 거짓인 경우 충분조건 조건판단은 모두 옳은 것이다. 그러나 전건이 참이고 후건이 거짓이라면 이 조건판단은 틀리게 된다.

'물체가 마찰하면 필연적으로 열이 발생된다'는 판단을 보자. 만약 실제 물체가 마찰을 받았고 열이 발생했다면 이 조건판단은 옳다. 실제 물체가 마찰하지 않았고 열이 발생되지 않았어도 이 조건판단은 옳다. 물체가 마찰되지 않았는데 열이 발생했어도(다른 원인으로) 이 조건판단은 옳다. 그러나 물체가 마찰을 받았는데 열이 발생되지 않았다면 이 조건판단은 틀린 것이 된다.

이와 같은 전건, 후건의 정당성과 충분조건 조건판단의 정당성 간 관계를 다음과 같이 나타낼 수 있다.

전건(p)	후건(q)	만약 p라면 q다
참	참	참
참	거짓	거짓
거짓	참	참
거짓	거짓	참

필요조건 조건판단

하나의 상황이 다른 상황의 필요조건이라고 단정하는 판단이다. 예를 들어 '오직 열심히 노력하는 사람만이 비로소 성공할 수 있다'는 판단은 필요조건 조건판단이다. 이를 공식화하면 다음과 같다.

오직 p일 때만 q다. 혹은 오직 A가 B일 때만 C는 비로소 D다.

필요조건 조건판단의 연결사는 '오직 …… 비로소 ……', '반드시 ……
비로소 ……', '……아니고서는 …… 안 된다', '…… 아니면 …… 아니다',
'없으면 …… 없다' 등이 되겠다.

필요조건 조건판단에서 전건이 참이면 후건은 미정으로 참일 수도, 거
짓일 수도 있으며, 전건이 거짓이면 후건은 반드시 거짓이다. 따라서 전
건이 거짓이고 후건이 거짓인 경우와 전건이 참이고 후건이 참인 경우,
전건이 참이고 후건이 거짓인 경우 필요조건 조건판단은 모두 옳게 된다.
그러나 전건이 거짓인데 후건이 참이면 이 판단은 틀린 것이다.

이와 같은 전건, 후건의 정당성과 필요조건 조건판단의 정당성 간 관
계는 다음의 표와 같다.

전건(p)	후건(q)	오직 p일 때만 q다
참	참	참
참	거짓	참
거짓	참	거짓
거짓	거짓	참

필요충분조건 조건판단

하나의 상황은 다른 상황의 필요충분조건이라고 단정하는 판단을 말
한다. 예를 들어 '만약 그리고 오직 사회에 수요가 있어야만 공급이 있게
된다'는 판단은 필요충분조건 조건판단이다. 이를 공식으로 나타내면 다
음과 같다.

만약 p라면 반드시, 또 그럴 때만 q다. 혹은 만약 그리고 오직 p일 때만
q다.

필요충분조건 조건판단에서 전건이 참이면 후건은 반드시 참이며, 전건이 거짓이면 후건도 거짓일 때 옳은 판단이다. 그러나 전건이 참일 때 후건이 거짓이거나 전건이 거짓일 때 후건이 참이면 이 판단은 틀린 것이다.

전건, 후건의 정당성과 필요충분조건 조건판단의 정당성 간 관계를 다음의 표와 같이 나타낼 수 있다.

전건(p)	후건(q)	반드시 그리고 오직 p일 때만 q다
참	참	참
참	거짓	거짓
거짓	참	거짓
거짓	거짓	참

외나무다리에서 만난 두 염소

선언판단

어느 날 흰 염소와 검은 염소가 외나무다리에서 만났다. 예전부터 사이가 좋지 않았던 그들은 서로 제 갈 길이 바쁘다고 버티며 길을 비켜 주지 않았다.

흰 염소가 먼저 "내가 먼저 건너갈 테니 넌 되돌아갔다가 다시 건너와!" 하고 호통을 쳤다.

검은 염소는 염소대로 "너나 되돌아갔다가 다시 건너오렴. 난 볼일이 바빠서 지체할 수 없어!" 하고 꼼짝하지 않았다.

이 광경을 바라보던 늙은 염소가 생각했다. '흰 염소가 양보하거나 검은 염소가 양보하거나 혹은 둘 다 양보하지 않을 것이다!'라고.

이 우화에서 늙은 염소가 내린 판단이 바로 선언판단이다.

선언판단(選言判斷)이란 가능한 몇 개의 상황 중 적어도 하나의 상황이 존재한다고 단정하는 판단이다. '흰 염소가 양보하거나 검은 염소가 양보하거나, 혹은 둘 다 양보하지 않을 것이다'라는 판단은 외나무다리에서 생길 수 있는 몇 가지 가능성을 제시했고, 그중 적어도 하나의 상황은 존재하게 되리라 단정했다.

선언판단은 적어도 둘 이상의 판단을 포함하는 복합판단이다. 이때 포함하게 되는 각각의 판단을 선언지(選言肢)라 한다.

각 선언지 간 관계에는 두 가지 다른 유형이 있다. 첫째는 각 선언지는 동시에 존재할 수 있으며 서로 배제하지 않는 것으로, 이를 결합적 선언지라 부른다. 둘째는 몇 개의 선언지가 동시에 존재할 수 없고 상호 배타적 관계라 그중 하나가 존재하면 다른 것은 존재할 수 없는 것으로 이를 가리켜 배제적 선언지라고 한다.

선언판단은 선언지가 결합적이냐 배제적이냐에 따라 결합적 선언판단과 배제적 선언판단으로 나뉜다.

결합적 선언판단

결합적 선언지를 포함하고 있는 선언판단을 말한다. 결합적 선언판단에서 각 선언지는 서로 배제하지 않으며 병존할 수 있다. 한 예로 갑자기 전구가 나가면 우리는 이렇게 생각할 수 있다. '전구가 파손되었거나, 소켓에 문제가 생겼거나, 전선이 고장 났거나, 아니면 정전 사태가 발생했다'고. 네 개의 선언지는 병존 가능하며, 모두 참일 수 있다.

결합적 선언판단을 공식으로 나타내면 다음과 같다.

'p 혹은 q다.' 또는 'S는 B이거나 C이거나 D다.'

선언판단의 연결사는 '혹은…… 혹은……', '또는…… 또는……', '가능하게 …… 가능하게……', '아마…… 아마……', '……거나 ……거나' 등이 된다.

선언지들 중 적어도 하나의 선언지가 참이면 결합적 선언판단은 참이 된다. 참인 선언지가 하나도 없다면 그 선언판단은 틀린 것이다.

배제적 선언판단

배제적 선언지를 포함하는 선언판단을 가리킨다. 판단에서 단정을 내린 몇 개의 선언지는 병존할 수 없으며, 그중 오직 하나의 선언지만 참이되는 선언판단이다. 앞의 이야기에서 늙은 염소의 판단이 배제적 선언판단이 되겠다. 이를 공식으로 나타내면 다음과 같다.

'p거나 q다.'

배제적 선언판단에서 각 선언지는 서로를 배제하므로 판단이 참이 되려면 하나의 선언지만이 참이어야 한다. 그렇지 않으면 그 판단은 틀린 것이다.

선언판단을 적용할 때 주의해야 할 점은 선언지를 하나도 빠짐없이 모두 제기해야 한다는 것이다. 선언지를 하나라도 빼 놓으면, 누락된 그 선언지가 참인 것일 수 있기 때문에 틀린 판단을 내릴 수밖에 없다.

이번에는 외나무다리에서 암염소와 숫염소가 만났다. 어떤 일이 벌어질까? 우리는 다음의 다섯 가지 가능성을 생각해 볼 수 있을 것이다.

첫째, 암염소가 양보하고 숫염소가 먼저 건너간다.
둘째, 숫염소가 양보하고 암염소가 먼저 건너간다.
셋째, 서로 먼저 가겠다고 버티다 암염소가 강에 빠진다.
넷째, 서로 먼저 가겠다고 버티다 숫염소가 강에 빠진다.
다섯째, 서로 먼저 가겠다고 버티다 함께 강에 빠진다.

다섯 가지 선언지를 가진 배제적 선언판단이 되겠다. 허나 이 선언판단은 틀렸다. 왜냐하면 제기해야 할 선언지를 모두 고려하지 않았기 때문이다. 두 염소가 서로 소곤소곤 상의하는가 싶더니 숫염소가 다리 위에 납작 엎드리고 암염소 그 위를 밟고 지나가는 상황도 가능하다.

바로 이 선언지(하나가 엎드리고 다른 하나가 그 위를 지나간다)를 빼 놓았기 때문에 이 선언판단은 틀린 것이다.

선언판단은 사람들로 하여금 어떤 상황의 발전 가능성을 다각도로 예견하게 해, 문제를 면밀히 살피게 만드는, 매우 큰 의의를 갖는 사고 방법이다.

호랑이의 위풍을 이용한 여우
조건이 복잡할수록 판단은 신중하게

산속에 호랑이 한 마리가 살고 있었다. 어느 날 배가 고파 헤매고 다니던 호랑이가 여우를 만났다.

"이 녀석, 마침 잘 만났다. 배가 고파 힘들던 차에 너를 만났으니 요기라도 해야겠다!"

그러자 교활한 여우는 눈알을 뱅글뱅글 굴리며 생각하고는 이렇게 말했다.

"그런 말은 애당초 하지도 마시오. 산속 짐승들은 모두 나를 왕으로 모신다오. 세상을 하직하는 건 서러울 게 없소만, 내가 세상을 떠나면 산 짐승들이 점차 줄어들고 말 텐데, 지금 당장의 허기를 달래려 미래의 먹이를 포기하면 안 되지 않겠소?"

"한 입에도 차지 않을 네 녀석에게 무슨 위풍이 있다고 짐승들이 너를 두려워하며 임금으로 섬긴단 말이냐?"

"난 태어나서 거짓말이라고는 한 번도 해 본 일이 없소. 그래, 정 믿기 어려우면 내 뒤를 따라와 보시오. 내가 정말 산중의 왕이면 잡아먹지 말고, 그렇지 않다면 잡아먹어도 좋소."

여우가 앞에서 촐랑대며 뛰어가고 호랑이는 어슬렁거리며 그 뒤를 따라갔다.

여우는 먼저 참나무가 우거진 산속으로 달려갔다. 한참 입맛을 다시며 참나무 잎을 맛있게 뜯어 먹던 노루와 사슴이 쉭 하는 바람 소리에 두 귀를 쫑긋 세우고 머리를 번쩍 쳐들었다.

이때 눈치 빠른 여우는 시치미를 떼고 큰소리로 외쳤다.

"산속의 왕, 여우가 왔노라! 들었느냐?"

여우의 말이 채 끝나기도 전에 호랑이를 본 노루와 사슴은 걸음아 날 살려라 하고 달아났다.

"저 꼴들을 좀 보란 말이오! 내 비록 체구는 크지 않으나 임금이라서 모두들 저렇게 무서워한단 말이오. 자, 이래도 내 말을 못 믿겠소?"

호랑이는 아무 대답도 못하고 바라볼 뿐이었다. 의기양양해진 여우는 다시 호랑이를 뒤에 세우고 앞에서 쫄랑쫄랑 뛰어갔다.

여우는 이번엔 멧돼지들이 있는 곳으로 갔다. 멧돼지들은 여우가 '산속의 왕이 왕림했다'는 말을 끝내기도 전에 호랑이를 보고 혼비백산하여 줄행랑치기 바빴다.

"어떻소, 보았지요? 저놈의 짐승들이 나를 얼마나 두려워하는지 한마디 꺼내기도 전에 저렇게 무서워 줄행랑을 친단 말이오. 그래, 지금도 못 믿겠소?"

호랑이는 눈을 껌뻑거리며 머리를 끄덕였다.

"하하하!"

여우는 너털웃음을 터뜨리며 꼬리를 추켜세우고 산속으로 달아났다.

호랑이는 여우를 잡아먹기는커녕 오히려 자기의 위풍을 여우에게 빌려준 꼴이 되었다. 호랑이는 주린 배를 부여잡고 맥없이 집으로 돌아갔다.

여우에게 속아 잘못된 판단을 내린 호랑이 이야기다. 노루, 사슴, 멧돼지가 무서워한 것은 호랑이였지 여우가 아니다. 여우는 호랑이의 위풍을 이용해 목적을 달성한 것이다.

여기에서 우리는 조건이 복잡할수록 신중한 판단이 중요해진다는 사실을 배운다.

장님 코끼리 만지듯
그릇된 판단을 하는 원인

장님 네 명이 나무 밑에서 바람을 쐬고 있었다.

이때 코끼리를 몰고 오며 큰소리로 "비키시오, 코끼리가 지나갑니다!" 하고 외치는 사람이 있었다.

그러자 장님 넷 중 한 사람이 "코끼리가 도대체 어떻게 생겼는가, 우리 한번 만져나 보세." 하고 의견을 냈다. 다른 세 명은 "옳소, 만져 보면 금방 알 수 있겠지." 하고 동의했다.

그들은 코끼리 주인에게 부탁했다. 주인은 흔쾌히 승낙하고는 코끼리를 나무에 매고 그들에게 만져 보게 했다.

첫 번째 장님이 코끼리의 몸을 만져 보고 말했다.

"이제 알았어. 코끼리란 원래 담벼락 같구만!"

그러자 코끼리 상아를 만지던 다른 장님이 "아니야, 코끼리란 둥글고 반질반질한 방망이 같은 걸." 하고 말했다.

세 번째 장님이 코끼리 다리를 만진 다음 말했다. "자네들 두 사람 다 틀렸네. 코끼리는 둥근 기둥같이 생겼어."

네 번째 장님이 코끼리 꼬리를 만져 보고 소리쳤다. "자네들 말은 모두 틀렸다네. 코끼리는 굵은 밧줄 같은 모양이야."

이들 네 장님들은 저마다 자기가 옳다고 옥신각신하며 아무도 양보하려 들지 않았다. 코끼리 주인이 웃으며 그들을 타일렀다.

"당신들 모두 틀렸소. 코끼리 몸 전체를 만져 봐야 코끼리가 어떻게 생겼는지 알 수 있는 법이오. 코끼리 일부분만 만져 보고서 코끼리가 어떻다고 판단하니, 모두 틀릴 수밖에!"

이야기 속 장님들은 코끼리 주인 말대로 부분만 보고 전체가 어떻다고 판단하는 오류를 범했다.

어떤 경우 그릇된 판단을 하게 될까?

첫째, 장님 코끼리 만지듯 부분으로 전체를 설명하려 들 때 그릇된 판단을 내리게 된다.

둘째, 식견이 좁으면 그릇된 판단을 하게 된다. 다음 이야기를 보자.

사자가 새끼 한 마리를 낳았다. 새끼사자를 본 생쥐는 제 굴로 달려가, "좋은 소식이에요, 좋은 소식. 사자가 우리의 원수인 고양이를 잡아 왔어요! 이제 우리는 마음 놓고 아무 데나 다닐 수 있고, 뒤주 안에서 잠을 자도 상관없게 됐어요!" 하고 어미쥐에게 말했다.

어미쥐는 생쥐를 쳐다보지도 않고 말했다.

"이 멍청한 녀석아, 일찍부터 좋아하지 마라! 사자와 고양이가 싸우면 누가 이길지 어떻게 알겠어? 세상에 고양이만큼 사나운 짐승이 어디 있다더냐!"

이야기에서 식견이 부족했던 생쥐는 새끼사자를 고양이로 알았고, 어미쥐는 어미쥐대로 고양이가 사납다는 경험 하나에 근거해 사자가 고양이와는 비교도 안 되게 사납다는 사실을 모르고 그릇된 판단을 내렸다.

이처럼 식견이 좁으면 그릇된 판단을 내리기 쉽다.

셋째, 표면적인 현상에 의거해 판단하면 틀리기 쉽다. 다음 이야기를 보자.

옛날, 하루 동안의 싸움을 마친 장군이 풀밭에 말을 매어 놓고 밤을 보냈다. 그날 밤 서리가 하얗게 내렸다.

이튿날 새벽, 문을 열고 나온 장군이 노발대발하며 소리쳤다.

"내 말이 어디에 있느냐? 왜 말이 보이지 않느냐?"

부하들이 부랴부랴 장군의 말을 찾기 시작했다. 그런데 얼마 지나지 않아 해가 솟아오르기 시작하자 말 위에 내렸던 서리가 스르르 녹아 없어지더니 이윽고 말이 모습을 드러냈다.

다시 문을 열고 나온 장군은 기뻐하며 말했다.

"이제 보니 내 말이 없어지지 않았구나!"

이 이야기에서처럼 표면적인 현상만 보면 반드시 잘못된 판단에 이르게 된다.

넷째, 자기 생각만 고집할 때 그릇된 판단을 내리게 된다. 다음 이야기를 읽어 보자.

한 장님이 동구 밖 다리를 건너다 그만 다리에서 떨어지고 말았다. 오랜 가뭄으로 강물이 말라 바닥을 드러낸 강이었다. 다행히 다리 난간을 잡은 장님은 아래로 떨어지지는 않았다. 장님은 젖 먹던 힘까지 다해 난간을 붙들고 놓지 않았다. 손을 놓는 날엔 물에 빠져 천당으로 가게 된다고 생각한 것이다.

이때 지나가던 사람이 장님에게 말했다.

"여보시오, 손을 놓으시오! 발이 거의 땅에 닿았는데 뭘 그리 겁내시오?"

하지만 장님은 행인의 말을 무시하고 한사코 난간을 놓지 않았다. 그러다 결국 팔의 힘이 다 빠져 더 이상 지탱할 수 없게 되었다. 장님은 자포자기 심정으로 물귀신이 되었구나 하며 손을 놓았다. 그런데 손을 놓음과 동시에 발이 땅에 닿는 게 아닌가! 손으로 더듬으니 틀림없는 땅바닥이었다.

장님은 그 자리에 쭈그려 앉아 이렇게 중얼거렸다.

"이럴 줄 알았더라면 난간을 붙잡고 헛고생 하지 않았을 것을!"

행인의 조언을 무시한 채 자신의 판단만 고집한 장님이야기에서 우리는 선입견을 갖고 문제를 대할 때나 자의로 내린 판단이 범하는 오류에 대해 배우게 된다.

제**3**장

연역추리

장군의 미로 찾기
논리에 맞게 추리하기

먼 옛날, 병사 수천 명을 거느리고 전장으로 나가던 장군이 깊은 산속에서 그만 길을 잃고 말았다. 며칠 동안 미로에서 헤매다 보니 병사들은 물론이고 장군마저 기진맥진할 지경이었다.

이때 한 늙은 병사가 장군에게 와서 아뢰기를, "소인이 아는 바로는 개나 비둘기, 꿀벌 같은 짐승들은 아무리 먼 곳에 가도 길을 잃지 않고 제 집으로 찾아옵니다. 그런 즉 이 고장에서 자란 군마 몇 필을 앞세워 마음대로 가게 한 다음 그 뒤를 따라가면 미로에서 빠져나갈 수 있지 않겠나 생각되옵니다."

이 말을 듣고 장군은 즉시 명령을 내려 이 고장에서 자란 군마 몇 필을 앞세워 걷게 했다.

장군과 병사들은 군마 뒤를 따라 쉬지 않고 행군한 끝에 마침내 미로에서 빠져나올 수 있었다.

늙은 병사는 어떻게 '이 고장에서 자란 군마가 길을 찾아낼 수 있으리라'라는 결론을 얻었을까? 그는 개, 비둘기, 꿀벌 같은 동물과 이 고장에서 자란 말을 견주어 유비추리를 한 끝에 그런 결론에 이를 수 있었다.

이 이야기에서처럼 제대로 된 추리를 진행하는 작업은 우리가 정확한 인식을 하는 데 있어 매우 중요한 단계가 된다.

추리란 무엇인가? 추리는 하나 또는 몇 개의 판단으로부터 다른 하나의 판단을 도출하는 사고 과정이자 형식이다.

추리는 인식 방법 가운데 하나다. 모든 지식은 사회 속에서 실천을 토대로 획득된다. 어떤 지식은 추리를 거치지 않고도 얻게 되지만, 대부분의 지식, 특히 사물의 본질에 관한 지식은 추리를 거쳐야 얻을 수 있다.

추리는 전제, 결론, 근거로 이루어진다.

전제란 추리를 진행할 때 의거하는 판단을 말한다. 앞의 이야기에서 '개, 비둘기, 꿀벌 같은 동물은 길을 안다'는 것이 전제가 된다.

결론이란 전제로부터 도출되는 새로운 판단을 말한다. '이 고장에서 자란 군마는 길을 찾아낼 수 있을 것이다'가 이에 해당된다.

근거란 전제와 결론 간 논리적 관계를 말한다. 개, 비둘기, 꿀벌과 말의 유사성이 바로 유비추리의 근거라 하겠다.

논리적 추리는 일상에서 널리 응용된다. 이야기를 하거나 글을 쓰거나 공부할 때 과학 연구에서 할 것 없이 추리는 늘 우리 가까이 있다.

논리적 추리를 활용하면 명석하고 조리 있게 생각할 수 있을 뿐 아니라, 이미 아는 지식으로부터 아직 모르는 새로운 지식을 얻어낼 수 있다.

보통의 지능을 지닌 사람은 일정 연령에 이르면 누구나 추리를 할 수 있다. 그러나 추리를 할 수 있다는 것이 곧 정확한 추리를 한다는 것을 의미하지는 않는다.

논리에 맞게 추리하려면 다음의 두 가지에 유의해야 한다.

첫째, 추리 전제가 되는 판단이 참이어야 한다. 추리의 전제가 되는 판단이 옳지 않으면 터무니없는 결론이 도출될 수 있다.

다음의 예를 보자.

- 물속에 사는 동물은 모두 어류다.(전제)

- 고래는 물속에 산다.

- 따라서 고래는 어류다.(결론)

이는 삼단논법 추리로, 형식은 정확하지만 전제가 옳지 않다. 물속에 사는 생물에는 물고기 같은 어류가 있는가 하면 고래 같은 포유류도 있고, 또 악어 같은 파충류도 있다. 그러므로 '물속에 사는 동물은 모두 어류다'라는 이 전제는 참이 아니다. 옳지 못한 전제에서 도출된 '고래는 어류다'라는 결론은 잘못된 것일 수밖에 없다.

둘째, 추리 형식이 추리 규칙과 맞아야 한다. 전제가 되는 판단이 옳다 하더라도 추리 규칙에 맞지 않는 형식을 취하게 되면 역시 정확한 결론에 이를 수 없다. 다음 이야기를 보자.

강변을 걷던 행인이 어린아이를 서둘러 강에 던지려는 사내를 보았다. 질겁한 아이는 몸부림치며 울부짖고 있었다.

의아하게 생각한 행인이 사내에게 물었다.

"당신은 왜 어린아이를 강에 던지려 하시오? 그 아이가 물에 빠져 죽으면 어쩌려고 그러오?"

그러자 사내가 대답하기를 "걱정 마시오. 이 아이의 아버지가 수영을 잘하니까요!"라는 것이다.

행인은 너무도 기가 막혀, "여보, 아비가 수영을 잘한다고 그 아들도 수영을 잘하라는 법이 어디 있소?" 하고 호되게 꾸짖었다.

이야기에서 사내의 추리 과정은 다음과 같을 것이다.

- 아이의 아버지는 수영을 잘한다.(전제)
- 이 아이는 그 아버지의 아들이다.

___

- 따라서 이 아이는 수영을 할 줄 안다.(결론)

이 역시 삼단논법이나 전제가 옳아도 전제와 결론 간 논리적 연관이
없고 추리 형식 또한 틀렸다. 그러므로 황당한 결론이 도출될 수밖에 없
는 것이다.

우리는 형제?

연역추리

신앙심이 독실한 아버지가 하루는 아들을 불러 앉히고 타일렀다.

"얘야, 너도 이젠 철이 들었으니 교회에 다녀야 할 게 아니니?"

아들은 "예, 알겠습니다. 하느님을 믿어서 좋다면 꼭 믿어야죠!" 하고 대답했다.

"암, 그렇고 말고. 전지전능하신 하느님 아버지께서는 나약한 우리 인간이 진심으로 믿기만 하면 장차 우리를 천국으로 인도해 주실 거다."

"아버지, 정말 그렇다면 저도 오늘부터 교회에 다니겠습니다."

아들의 시원스런 대답에 만족한 아버지는 그 자리에서 성경을 꺼내들고 아들에게 하느님 말씀을 가르치기 시작했다.

아버지가 먼저 읽은 부분을 아들이 따라 외웠다.

"전지전능하옵신 하느님 아버지시여!"

"전지전능하옵신 하느님 할아버지시여!"

"주여, 만물의 창조주이신 하느님 아버지시여!"

"주여, 만물의 창조주이신 하느님 할아버지시여!"

그런데 자신이 '하느님 아버지시여!' 하고 읽는데도 매번 '할'을 붙여 '하느님 할아버지시여'라고 하는 아들에게 아버지는 그만 화가 나고 말았다.

"아니, 이 녀석아! 하느님 할아버지가 뭐냐, 내가 하느님 아버지라 하

는데도!"

아버지의 꾸중이 억울했던 아들이 머리를 긁적이며 물었다.

"아니, 아버지께서 하느님을 아버지라고 부르시니 아버지의 아들인 저는 하느님을 할아버지라 불러야 옳지 않겠습니까?"

기가 찬 아버지가 조용히 말했다.

"아니다 아냐, 너나 나나 다 같은 하느님의 아들이란다. 따라서 하느님을 모두 아버지라 불러야 한다……."

그러자 아버지의 말이 채 끝나기 전에 아들이 야무지게 반문했다.

"아니, 아버지도 하느님 아들이고 저도 하느님 아들이면, 아버지와 제가 형제 사이란 말입니까?"

"엉??"

아버지는 아무런 대꾸도 하지 못했다.

아버지는 어째서 아무 말도 하지 못했을까? 아들의 말이 논리적으로 문제될 게 없었기 때문이다.

아들은 아버지의 말을 빌려 다음과 같이 연역추리를 진행한 끝에 얻은 황당한 결론으로 아버지의 말을 논박한 것이다.

- 아버지의 아들들은 형제 간이다.(전제)
- 나와 그(자신의 아버지)는 아버지의 아들이다.

- 따라서 나와 그(자신의 아버지)는 형제 간이다.(결론)

이것은 흔히 사용되는 연역추리 삼단논법이다.

추리 전제와 결론이 필연적인 관계에 있는가, 아니면 개연적인 관계인가 하는 형식적 특징에 따라 추리를 연역추리와 귀납추리 두 가지로 구분한다.

연역추리란 전제와 결론이 필연적인 관계를 갖는 추리를 말한다. 앞의 이야기에서 아들이 사용한 방법이 연역추리가 되겠다.

전제와 결론이 필연적인 관계를 갖는다는 것은, 전제가 참이면 결론은 반드시 참이며, 전제를 승인하면 그 결론 역시 승인해야 한다는 뜻이다.

연역추리는 전제가 되는 판단의 종류에 따라 직접추리, 간접추리(삼단논법), 조건추리, 선언추리, 연언추리[17], 양도추리 등으로 나뉜다.

---

17) 연언추리(conjunctional inference): 연언이란 두 개 이상의 명제를 연결하는 것을 말합니다. 명제 p와 q의 연언을 기호로는 'p ∧ q'로 나타내며, 'p 그리고 q'라고 읽습니다. 연언추리는 연언을 활용하는 추론을 가리킵니다.

와야 할 사람, 가야 할 사람
직접추리

생일을 맞은 박 영감이 술이나 한잔 나누자며 마을 노인 네 명을 집으로 초대했다.

저녁이 되고 세 사람은 제시간에 왔는데, 한 명이 아직 오지 않고 있었다. 세 노인과 기다리던 박 영감이 시계를 보니, 어느덧 일곱 시가 다 되어 가고 있었다.

손님 세 사람은 고픈 배를 달래며 입맛만 다시다 박 영감에게 말했다.

"여보 박 씨, 이제 밤이 깊어 가는구만!"

그러자 박 영감은 "그런데 글쎄 와야 할 영감이 오지 않았거든……." 하고 중얼거렸다.

이 말을 듣고 한 영감이 벌떡 일어나더니, "뭐요, 와야 할 영감이 오지 않아? 알고 보니 나는 와야 할 사람이 아니었군!" 하고 문을 차고 나가 버렸다.

박 영감은 뒤따라 나가 만류했지만 소용이 없었다. 방으로 돌아온 박 영감은 "허 참, 가지 말아야 할 영감이 갔구만!" 하고 자책하듯 말했다.

그러자 앉아 있던 다른 영감이 일어서더니, "가지 말아야 할 영감이 갔다고? 알겠수다. 가야 할 사람이 그럼 나로구만!" 하고 나가 버렸다.

세 사람 중 둘이 나가 버리자 박 영감은 영문을 모르겠다는 눈으로 남

아 있는 영감을 쳐다볼 뿐이었다.

남아 있던 노인이 박 영감에게 말했다.

"여보, 박 씨, 무슨 말을 그렇게 하오, '와야 할 영감이 오지 않았다'고 하니 그 영감이 어찌 돌아가지 않겠소, 그리고 또 '가지 말아야 할 영감이 갔다'고 하니 저 영감이 어찌 돌아가지 않겠소! 말을 좀 생각해서 하시오!"

그러자 박 영감은 억울하다는 듯 손을 내저으며 "영감도 알겠지만 내가 어디 그 두 사람을 두고 한 말인가?" 하고 도리어 화를 냈다. 세 번째 영감이 발끈했다.

"옳거니, 그게 날 두고 한 소리로구만! 그럼 나도 돌아가네!" 하고 세 번째 영감도 문을 꽝 닫고 나가 버렸다.

결국 손님 셋이 다 돌아가 버려 박 영감은 텅 빈 방에 홀로 앉아 천장만 쳐다보았다.

손님으로 온 세 영감은 어째서 화를 내며 돌아간 것일까? 적절하지 못한 박 영감의 말이 세 사람의 오해를 샀기 때문이다. 세 사람은 박 영감의 말을 듣고 직접추리를 한 뒤, 집으로 돌아가 버렸다.

직접추리란 무엇인가? 직접추리란 하나의 전제로부터 새로운 결론을 도출하는 추리를 말한다.

직접추리에는 판단 변형에 따른 직접추리, 판단의 대당관계에 의한 직접추리, 역관계를 이용하는 직접추리가 있다.

판단 변형에 따른 직접추리에는 환질법, 환위법, 환질환위법이 있다.

환질법은 본 판단의 질을 바꾸는, 즉 긍정판단을 부정판단(원칙적으로 '부[負] 판단'이 맞는 용어이나, 이해가 쉽도록 부정판단으로 적는다)으로, 부정판단을 긍정판단으로 바꾸어 새로운 판단을 도출하는 직접추리다. 환질법을 적용할 때는 첫째, 전제의 질을 바꾸고, 둘째로 전제의 술어를 부정개념(원칙적으로 부[負]개념이다)으로 고치는 두 가지 규칙을 준수해야 한다.

환위법은 판단의 주어(주사)와 술어(빈사) 위치를 바꾸는, 즉 판단의 주어와 술어의 위치를 바꿔 새로운 판단을 도출해내는 직접추리다. 환위법을 적용할 때는 먼저 전제 판단의 질을 그대로 두고, 전제 중 부주연[18]된 개념은 환위 뒤에도 주연[19]되지 않아야 한다는 두 가지 규칙을 준수해야 한다.

---

18) 부주연(undistribution): 형식논리학 용어로, 어떤 판단에 있어 그 주장하는 바가 주어 또는 술어로 되어 있는 개념의 외연 일부에 미치는 경우를 말합니다. 특칭판단의 주어와 긍정판단의 술어는 항상 부주연됩니다.

19) 주연(distribution): 형식논리학 용어로, 어떤 판단에 있어 그 주장하는 바가 주어 또는 술어로 되어 있는 개념의 외연 전부에 미치는 경우를 말합니다. 전칭판단의 주어와 부정판단의 술어는 항상 주연됩니다.

환질환위법은 환질법과 환위법을 동시에 결합시켜 새로운 판단을 끌어내는 직접추리다.

그러면 지금부터 환질법, 환위법, 환질환위법으로 박 영감의 말을 분석해 보자.

처음에 박 영감은 '와야 할 사람이 오지 않았다'고 했는데, 이것은 '와야 할 사람은 오지 않은 사람이다'와 같은 의미다.

'와야 할 사람은 오지 않은 사람이다'를 환질법을 적용해 환질하면, 즉 긍정판단을 부정판단으로 고치면 '와야 할 사람은 온 사람이 아니다'가 된다.

'와야 할 사람은 온 사람이 아니다'를 다시 환위법을 적용해 환위하면, 즉 주어와 술어의 위치를 바꾸면 '온 사람은 와야 할 사람이 아니다'가 된다. 이것을 다시 환질하면 '온 사람은 오지 말아야 할 사람이다'가 된다.

그러니 첫 번째 노인은 자신을 오지 말아야 할 사람으로 인정하고 돌아간 것이다.

그다음 박 영감은 '가지 말아야 할 사람이 갔다'고 말했다. 이것은 '가지 말아야 할 사람은 간 사람이다'와 같은 뜻이다.

'가지 말아야 할 사람은 간 사람이다'를 환질하면 '가지 말아야 할 사람은 가지 않은 사람이 아니다'가 된다.

'가지 말아야 할 사람은 가지 않은 사람이 아니다'를 다시 환위하면 '가지 않은 사람은 가지 말아야 할 사람이 아니다'를 얻는다.

'가지 않은 사람은 가지 말아야 할 사람이 아니다'를 다시 환질하면 '가지 않은 사람은 가야 할 사람이다'에 이르게 된다.

이 말이 손님을 내쫓으려는 말처럼 들리는 건 당연하다. 그러니 두 번째 영감도 화를 내고 돌아간 것이다.

　마지막 영감마저 가게 된 것은 선언추리의 결과다. 그 추리 과정은 이렇다.

- 첫 번째 영감을 두고 한 말이거나, 두 번째 영감을 두고 한 말이거나, 혹은 나를 두고 한 말이다.
- 그 두 영감을 두고 한 말이 아니다.

- 따라서 나를 두고 한 말이다.

　이리하여 마지막 영감도 결국 문을 박차고 나간 것이다.

뱀 그림을 먼저 완성한 사람은 누구?

삼단논법

옛날, 초나라의 어떤 사람이 제사를 지낸 후 일꾼들을 대접하려고 술을 한 병 내놓았다.

일꾼은 여러 명인데 술이 한 병뿐이라 누가 마실지를 놓고 반나절이나 의논했지만 뾰족한 수가 나오지 않았다.

그때 누군가 이런 제의를 했다.

"각자 땅바닥에 뱀을 그리기로 하고, 가장 먼저 완성한 사람이 술을 차지하는 게 어떻겠소?"

그러자 모두들 그 방법이 좋겠다고 찬성했다. 이윽고 내기가 시작되었다.

한 젊은이가 순식간에 뱀을 완성했다. 술은 그의 차지가 될 게 뻔했다. 여유만만한 표정의 젊은이는 옆 사람들을 살펴보았지만 누구 하나 채 그리지 못한 상태였다. 젊은이는 왼손으로 술병을 거머쥐고 오른손에는 그림 그리던 나뭇가지를 들고 의기양양하게 말했다.

"아니, 뭐가 어렵다고 그렇게들 꾸물대시오? 그사이 난 발까지 몇 개 그려 넣겠소이다!"

그가 뱀의 발을 그리는 동안 그림을 완성한 다른 사람이 술병을 슬쩍 빼앗아 쥐며 말했다.

"뱀은 발이 없는데 어째서 당신은 발을 그린 거요? 그러니 제일 먼저 뱀을 그린 사람은 당신이 아니라 나요!"

그는 보란듯이 술병을 들고 마시기 시작했다.

술병을 차지한 사람은 다음과 같이 추리했을 것이다.

• 모든 뱀은 발이 없다.
• 당신이 그린 것에는 발이 있다.
• 따라서 당신이 그린 것은 뱀이 아니다.

이것은 삼단논법이다.

삼단논법이란 세 가지 정언판단(성질판단)으로 구성된 간접추리를 말한다. 이 세 판단 가운데 판단 두 개는 전제, 남은 하나가 결론이다. 세 판단의 주어와 술어는 세 가지 다른 개념을 표현한다. 왜냐하면 세 가지 판단은 여섯 개의 개념을 포함하지만, 개념이 두 개씩 중복되므로 실제 개념은 세 개뿐인 셈이다. 세 개의 개념으로 이루어진 세 개의 판단, 이것이 삼단논법의 구조적 특징이다.

결론의 주어가 되는 개념을 소개념, 결론의 술어가 되는 개념을 대개념이라 부른다. 대개념을 포함한 전제는 대전제, 소개념을 포함한 전제는 소전제가 된다. 두 전제에는 있으나 결론에는 나타나지 않은 개념은 매개념이다. 논리학에서는 소개념을 S[20], 대개념을 P[21], 매개념을 M[22]으로 표시한다.

삼단논법에서 매개념은 매우 중요하다. 소개념과 대개념, 전제는 직접적으로 연결되는 것이 아니라 매개념의 매개 작용을 통해 연결된다. 따라서 매개념이 없으면 소개념과 대개념은 연결되지 못하며, 결국 추리를 구성할 수 없게 된다.

이야기 속 삼단논법 추리에서 매개념의 작용을 보자. 이 삼단논법의 두 전제를 환질환위하면 다음과 같다.

- 발이 있는 것은 뱀이 아니다.(대전제)
- 당신이 그린 것에는 발이 있다.(소전제)
- 따라서 당신이 그린 것은 뱀이 아니다.(결론)

이를 다음과 같이 공식으로 나타내 보자.

---

20) S(minor term): 주어의 영문 표기 'subject'의 첫 글자를 따온 것으로 소개념의 약어입니다.

21) P(major term): 술어의 영문 표기 'predicate'의 첫 글자를 따온 것으로 대개념의 약어입니다.

22) M(mean term): 중간이라는 뜻을 가진 라틴어 'medium'의 첫 글자를 따온 것으로 매개념의 약어입니다.

- M은 P가 아니다.
- S는 M이다.
- 따라서 S는 P가 아니다.

매개념 M이 대전제와 소전제 사이에서 매개 작용을 하기 때문에 비로소 'S는 P가 아니다'(당신이 그린 것은 뱀이 아니다)라는 결론을 얻을 수 있었다.

삼단논법에서 M의 외연은 P의 외연에 포함되지 않고, S의 외연은 M의 외연에 포함된다. 그러므로 S의 외연 역시 필연적으로 P의 외연에 포함되지 않는다.

이 관계를 그림으로 나타내면 이렇다.

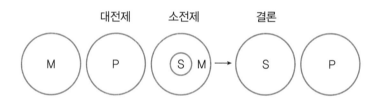

삼단논법은 일상생활에서 자주 사용된다. 그러니 삼단논법을 제대로 적용할 줄 알아야겠다. 삼단논법을 정확히 적용하려면 그 추리 형식이 다음의 논리적 규칙을 따라야 한다.

규칙에는 여러 가지가 있지만 우리가 흔히 범하는 오류에 비추어 그중 몇 가지만 설명하겠다.

첫째, 삼단논법에는 세 개의 개념만 있어야 한다. 앞서 설명한 대로 삼단논법은 매개념이 대전제와 소전제 사이에서 매개 작용을 하면서 대개념과 소개념 간 관계를 확정하는 결론을 도출하게 된다. 따라서 삼단논법은 오직 세 개의 개념으로만 구성되어야 한다. 개념 하나로는 판단을 구성하지 못하므로 삼단논법이 될 수 없으며, 개념 두 개로는 하나의 판단밖에 구성하지 못해 역시 삼단논법을 이룰 수 없다.

그런데 우리가 쉽게 오해하는 것 하나는, 얼핏 보면 세 개의 개념인 듯하나 실은 네 개의 개념으로 구성된 경우다. 매개념이 동일한 단어로 돼있어도 다른 개념을 표시한다면 형식 규칙을 위반한 게 된다.

아래의 예가 개념 네 개로 이루어진 것이다.

- 한국인은 부지런하다.
- 나는 한국인이다.

- 그러므로 나는 부지런하다.

여기에서 매개념 역할을 하는 것은 '한국인'이다. 그런데 '한국인은 부지런하다'는 대전제의 '한국인'은 집합개념인 한국인 전체를 말하며, '나는 한국인이다'라는 소전제의 '한국인'은 개체개념으로, 한국인 개별 구성원을 가리키는, 성격이 다른 '한국인'이다. '한국인'이라는 같은 단어가 두 전제에서 다른 개념을 표현하는 것이다. 이런 추리는 실제로는 네 개의 개념으로 이루어졌으며, 매개념이 없어 결론을 도출할 수가 없다. 그럼에도 불구하고 억지로 결론을 끌어낸다면, 그 결론은 그릇된 것이다. 이런 오류를 논리학에서는 '사개명사(四個名辭)의 오류'라고 부른다.

둘째, 매개념은 두 개의 전제 속에서 적어도 한 번은 주연되어야 한다. 다시 말해 전제가 되는 판단이 적어도 한 번은 매개념 전체의 외연을 단정해야 한다. 대전제와 소전제를 연결하는 매개념이 두 개의 전제 안에서 한 번도 주연되지 않으면, 두 개의 매개념이 같은 대상의 다른 부분을 가

리킬 수 있어 매개 작용을 하지 못하게 된다. 예를 들어,

- 모든 동물은 생물이다.
- 식물은 생물이다.

위의 두 전제에서 '생물'은 매개념임에도 한 번도 주연되지 않았다. 각 매개념이 가리키는 외연은 서로 다르다. 그림으로 표시하면 이렇다.

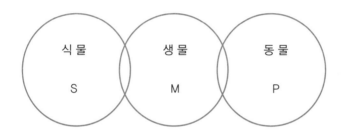

그림에서처럼 '생물'이라는 매개념은 한 번도 주연되지 않았기 때문에 매개 작용을 하지 못하고 있다. 그럼에도 이런 매개념에 기대 '식물은 동물이다'라는 결론에 이른다면 이는 아무런 의미가 없다. 이런 오류를 '매개념 부주연의 오류'라고 한다.

셋째, 전제에서 주연되지 않은 개념을 결론에서 주연되게 하면 안 된다. 삼단논법은 연역추리로서 일반 원리에서 출발해 개별 대상에 대한 결론을 얻는 추리 형식이다. 그런데 전제에서 주연되지 않은 대개념이나 소개념을 결론에서 주연되게 하면, 전제에서 외연 일부에 대해 말하고 결론에서 외연 전부에 대해 말하게 되므로 삼단논법 공리[23)]에 위배된다. 다

---

23) 공리(axiom): 절대적으로 분명한 진리라 증명을 필요로 하지 않는 명제를 지칭합니다. 더불어 한 이론 체계의 전제 역할을 하는 것으로서 모든 이론의 출발점이기도 합니다.

음을 보자.

- 학생들은 민족의 장래를 책임져야 한다.
- 나는 학생이 아니다.

- 따라서 나는 민족의 장래를 책임질 필요가 없다.

대전제에서 '민족의 장래를 책임져야 한다'는 대개념은 주연되지 않았다. '민족의 장래를 책임져야 한다'는 외연에는 학생뿐 아니라 일반 국민도 있다. 그런데 결론을 보면 그것이 주연되어 있다. '나는 민족의 장래를 책임질 필요가 없다'는 것은 곧 나는 민족의 장래에 관심을 기울여야 할 그 어떤 사람도 아니라는 뜻이기 때문이다.

이와 같이 전제에서 주연되지 않은 개념을 결론에서 주연되게 하는 오류를 논리학에서 '대개념(혹은 소개념) 부당주연의 오류'라고 한다.

최후의 승자는?

관계추리

어느 공휴일, 네 학교 학생들이 줄다리기 시합을 벌였다.

처음에는 A학교와 B학교가 한편, C학교와 D학교가 한편이 돼 겨루었는데, 양 팀의 힘이 비슷해 비기고 말았다.

다음에는 D학교와 A학교, C학교와 B학교가 한편을 이뤄 시합을 했는데, 몇 초도 안 돼 D학교와 A학교 팀이 C학교와 B학교 팀을 꺾었다.

이렇게 되고 보니 대부분 힘 센 사람으로 구성된 B학교 학생들은 A학교와 C학교가 한팀이 되더라도 자기들이 이길 수 있다고 확신했다. 그래서 A학교와 C학교가 한팀이 돼 B학교와 맞붙었더니 과연 B학교가 이겼다.

B학교 학생들은 이제 D학교만 이기면 자기들이 1등이라고 좋아했고, A학교와 C학교 학생들은 서로 자기들 힘이 더 세다고 옥신각신하다가 실제로 겨루어 보자는 데 합의했다.

그 때 한 여학생이 그들에게 와서 말했다. "경기는 끝난 셈이에요. 1, 2, 3, 4등이 밝혀졌거든요!" 이 말에 모두 의아한 얼굴을 하고 있으려니, 그 여학생이 메모지를 가져와 설명하기 시작했다.

(1) A+B=C+D

(2) C+B<A+D

(3) A+C<B

(1)로부터 D=A+B-C를 도출할 수 있다.

(2)로부터 D<B+C-A를 도출할 수 있다.

위 두 식을 풀면 A>C, A+B-C=D이므로

B<D라는 것을 알 수 있다.

(3)으로부터 B>A, B>C라는 것을 알 수 있다.

여기까지 설명한 여학생이 물었다. "어느 학교가 1등이고 어느 학교 가 2, 3, 4등인지 알겠죠?"

학생들은 1등은 D학교, 2등은 B학교, 3등은 A학교, 4등은 C학교라고 정확하게 대답했다.

이야기 속 여학생이 사용한 방법이 바로 관계추리가 되겠다. 관계추리란 전제와 결론 모두 관계판단(사물과 사물 간 관계를 단정하는 판단)으로 이루어진 추리를 말한다.

관계추리는 다시 동등관계추리와 정도관계추리로 나뉜다.

동등관계추리는 동등한 관계를 반영하는 판단으로 구성된 추리를 말한다. 추리 형식을 공식으로 나타내면 다음과 같다.

- A는 B와 같다. $A=B$
- B는 C와 같다. $B=C$
- 따라서 A는 C와 같다. $\therefore A=C$

정도관계추리는 정도 관계를 반영하는 판단으로 구성된 추리를 말한다. 추리형식을 공식으로 표시하면 다음과 같다.

- A는 B보다 크다. $A>B$
- B는 C보다 크다. $B>C$
- 따라서 A는 C보다 크다. $\therefore A>C$

줄다리기 등수는 동등관계추리와 정도관계추리를 적용해 얻어낸 결론이 되겠다.

제갈량의 선견지명
조건추리

『삼국지』를 읽어 본 사람이라면 다음 이야기가 낯설지 않을 것이다.

주유는 형주를 빼앗고자 유비를 꼬여 동오로 장가 들러 오게 한 뒤, 그를 협박해 형주를 내놓게 하려는 계략을 꾸몄다.

동오의 사자가 형주에 와서 혼담을 꺼내자 유비는 곧 미인계라는 것을 눈치채고 가지 않으려 했다. 그런데 제갈량은 손권의 누이도 돌아오게 하고 형주도 결코 빼앗기는 일이 없게 하겠다며 유비를 설득해, 결국 유비는 동오로 가기로 했다.

제갈량은 먼저 사자를 동오로 보내 납채를 드리게 하고 조운을 시켜 유비를 모시고 동오에 가도록 했다. 떠날 때 제갈량은 조운에게 비단주머니 세 개를 주면서 그 속에 묘책이 들어 있으니 차례대로 시행하라고 일러 두었다.

동오에 당도하자 조운은 첫 번째 주머니를 열어 보고 그대로 행했다. 내용인즉 유비에게 교국로를 만나게 함과 동시에 오백 명 수행군사들로 하여금 저마다 비단을 몸에 걸치고 남서로 들어가 물건을 사게 하며, 유비가 사위가 되려 동오에 왔다고 소문을 퍼뜨려 성 안 사람들 모두가 이 일을 알게 하는 것이다.

　교국로는 유비를 만나 보고는 그 길로 오국태를 찾아가 치하인사를 했다. 오국태는 깜짝 놀라 손권을 불러 놓고 왜 사전에 상의도 없이 이런 짓을 했느냐고 노발대발했다.

　손권은 어쩔 수 없이 모든 게 주유의 계책이라고 실토했다. 오국태는 크게 노하여 주유를 나무랐다.

　"주유 네놈이 육 군 팔십일 주의 대도독으로 있으면서 그래 무슨 계책이 없어 내 딸을 미끼로 삼아 형주를 뺏으려 하느냐!"

　주유는 말문이 막혀 버렸다.

　교국로는 일이 이렇게 된 바, 차라리 유비를 정말로 사위로 삼아 추한 소문이나 나지 않게 하는 것이 좋지 않겠느냐고 오국태에게 권했다.

　오국태는, "나는 아직 유비를 못 보았으니 내일 감로사로 불러 한번 선을 보겠다. 만약 내 눈에 들지 않으면 마음대로 할 것이요, 내 눈에 들기만 하면 딸을 주겠다."라고 했다.

　이튿날 오국태는 행실이 비범한 유비를 보고 그 자리에서 딸을 주기로 결정했다.

혼인이 성사된 뒤에도 주유는 다시 여러 가지 계책을 썼지만, 조운이 나머지 두 비단주머니 속 묘책에 따라 처신하여 결국 모두 허사가 되고 말았다.

유비 일행이 손권의 누이를 데리고 배에 오르자 주유는 또 병졸들을 이끌고 추격해 왔다. 강을 건넌 유비 일행이 제나라 땅에 들어서자 제갈량이 시킨 대로 병사들이 일제히 소리 높여 외쳤다.

"주랑의 묘한 계책은 천하를 편안케 하리로다. 부인을 모셔다 드리고 군사마저 패했구나!"

주유는 화가 치밀어 외마디 소리를 버럭 지르고 쓰러지더니 인사불성이 되고 말았다.

제갈량의 이 선견지명은 한 차례의 치밀한 분석과 추리 끝에 얻어진 것이다. 그는 먼저 교국로와 오국태가 친척 관계라는 사실로부터 교국로가 이 일을 알면 분명히 오국태에게 전해 오국태도 사연을 알게 되리라 분석했다.

그리고 오국태가 자기 딸을 애지중지하며, 손권은 어머니의 말을 잘 따르고, 유비의 행실이 비범한 것 등을 통해 오국태가 이 일을 아는 날엔 함정에 빠뜨리려던 계략을 현실로 만들 수 있으리란 결론을 얻었다. 그래서 유비에게 마음 놓고 동오로 가라고 했던 것이다.

여기에서 제갈량은 조건추리를 활용했다.

조건추리란 대전제가 조건판단(일정한 조건하에서 판단 대상에 일정한 징표가 귀속 또는 불귀속된다는 것을 표시하는 판단)이 되고, 소전제가 대전제의 전건(조건 표시부) 또는 후건(귀결 표시부)을 긍정 또는 부정함으로써 결론을 얻는 추리 형식이다.

조건추리는 전제 중 조건판단의 전건과 후건의 관계의 차이에 따라 충분조건 조건추리, 필요조건 조건추리, 필요충분조건 조건추리로 나뉜다.

충분조건 조건추리

충분조건 조건판단을 대전제로 하는 조건추리를 말한다. 충분조건이란 전건이 존재하기만 하면 후건은 반드시 존재하게 되고, 전건이 존재하지 않으면 후건은 미정(존재할 수도, 존재하지 않을 수도 있다)인 전건과 후건 간 관계를 말한다.

충분조건 조건추리에는 두 가지 방식이 있다.

첫째는 긍정식, 즉 전건 긍정에 의한 후건 긍정의 결론을 끌어내는 방식이다. 공식으로 나타내면 다음과 같다.

- 만약 p면 q다.
- p다.
- 따라서 q다.

예를 들면 다음과 같다.

- 만약 삼각형의 세 각의 크기가 같으면 그 세 변의 길이도 같다.
- 삼각형 세 각의 크기가 서로 같다.
- 따라서 그 세 변의 길이도 같다.

둘째는 부정식, 즉 후건 부정에 의한 전건 부정의 결론을 끌어내는 방식이다. 공식은 다음과 같다.

- 만약 p면 q다.
- q가 아니다.

- 따라서 p가 아니다.

예를 하나 살펴보자.

- 만약 이 액체가 산성이면 리트머스 시험지는 붉은색으로 변할 것이다.
- 이 액체는 리트머스 시험지를 붉은색으로 만들지 않았다.

- 따라서 이 액체는 산성이 아니다.

충분조건 조건추리에서는 다음의 규칙을 준수해야 한다.

첫째, 전건을 긍정했다면 후건도 긍정해야 한다. 그러나 전건 부정에서 출발해 후건 부정의 결론을 끌어내서는 안 된다.

둘째, 후건을 부정했다면 전건도 부정해야 한다. 그러나 후건 긍정에서 출발해 전건 긍정의 결론을 끌어내서는 안 된다.

한 예로 우리는 다음과 같이 추리할 수 있다.

- 만약 어떤 수가 6으로 나누어지면 3으로도 나누어질 수 있다.
- 48은 6으로 나누어진다.

- 따라서 48은 3으로 나누어질 수 있다.

우리는 다음과 같이 추리할 수도 있다.

- 만약 어떤 수가 6으로 나누어지면 3으로 나누어질 수 있다.

- 47은 3으로 나누어질 수 없다.
- 따라서 47은 6으로 나누어질 수 없다.

이상 두 가지 추리 모두 충분조건 조건추리 규칙에 부합되는 것으로 모두 정확하다. 그러나 우리는 아래와 같이 추리해서는 안 된다.

- 만약 어떤 수가 6으로 나누어지면 3으로 나누어질 수 있다.
- 27은 6으로 나누어질 수 없다.
- 따라서 27은 3으로 나누어질 수 없다.

그리고 다음과 같이 추리해서도 안 된다.

- 만약 어떤 수가 6으로 나누어지면 3으로 나누어질 수 있다.
- 9는 3으로 나누어질 수 있다.
- 따라서 9는 6으로 나누어질 수 있다.

위의 추리는 전건 부정으로부터 후건 부정의 결론을, 또 후건 긍정으로부터 전건 긍정의 결론을 끌어냈으므로 모두 잘못된 추리다.

필요조건 조건추리

필요조건 조건판단을 전제로 하는 조건추리를 말한다. 필요조건은 전건이 존재하지 않으면 후건은 반드시 존재하지 않게 되고, 전건이 존재하면 후건은 미정(존재할 수도, 존재하지 않을 수도 있다)이 되는 전건과 후건 간 관계를 말한다. 필요조건 조건추리에는 두 가지 방식이 있다.

첫째는 부정식, 전건 부정을 통해 후건 부정의 결론을 끌어내는 방식이다. 공식으로 표시하면 다음과 같다.

- 오직 p일 때만 q다.
- p가 아니다.

- 따라서 q가 아니다.

예를 하나 들어 보겠다.

- 오직 노력하는 사람만이 성공할 수 있다.
- 현배는 노력을 하지 않는다.

- 따라서 현배는 성공할 수 없다.

둘째는 긍정식으로 후건 긍정을 통해 전건 긍정의 결론을 끌어낸다. 공식으로 표시하면 다음과 같다.

- 오직 p일 때만 q다.
- q다.

- 따라서 p다.

예를 하나 들어 보자.

- 오직 회원에게만 발언권이 있다.
- 그는 발언권이 있다.

- 따라서 그는 회원이다.

필요조건 조건추리에서는 다음과 같은 규칙을 준수해야 한다.

첫째, 전건을 부정했다면 후건을 부정해야 한다. 전건 긍정으로부터 후건 긍정의 결론을 끌어내서는 안 된다.

둘째, 후건을 긍정했다면 전건을 긍정해야 한다. 후건 부정으로부터 전건 부정의 결론을 끌어내서는 안 된다.

다음의 이야기를 살펴보도록 하자.

어느 가을, 아프리카의 한 부족 추장이 승용차를 타고 휴양지로 가는 도중 은행 앞 큰길에서 총탄에 맞아 사망하는 사건이 발생했다.

경찰은 사건의 전모를 밝혀내기 위해 다각도로 수사한 끝에 다딴니라는 청년을 사건의 범인으로 지목했다. 곧 다딴니는 체포되었는데, 며칠 후 지병인 심장병으로 구치소 안에서 죽고 말았다.

경찰에서 다딴니를 이 사건의 범인으로 지목한 데는 다음의 두 가지 증거가 주효했다.

첫째, 추장은 승용차를 타고 은행 앞을 지날 때 피살되었는데, 그날 다딴니가 아무 용무도 없이 은행 7층에 있었던 걸 목격한 증인이 있다.

둘째, 은행 7층에서 6.5밀리미터 구경 권총 한 자루를 발견했는데, 다딴니는 석달 전에 동일 구경 권총을 구입한 일이 있다.

그런데 다딴니의 변론을 맡은 부족 변호사는 경찰 측 증거가 불충분하다며 법원에 이의를 제기했다. 변호사는 경찰이 제시한 증거를 토대로 다음과 같이 반론했다.

첫째, 만약 총이 은행 7층에서 발사된 것이라면, 그 시각 은행 7층에 있던 사람이 범인인 것은 당연하다. 그리고 다딴니가 그 날 7층에 있었던 게 확실하다고 하자. 그러나 그를 범인으로 몰기에는 이것만으로 불충분하다.

둘째, 만약 6.5밀리 구경 권총이 범행 도구가 확실하다면, 오직 이 구경 권총을 가진 사람만이 범인이 될 수 있다. 그리고 확실히 다딴니가 석 달 전 권총을 샀다고 하자. 그래도 이것만으로 그를 범인으로 지목하기에는 역시 부족하다.

셋째, 수사 결과에 따르면 은행 7층에서 발견된 권총은 연속해 다섯 발이 발사된 것이었다. 그런데 경찰의 현장 감식 보고서에 의하면 추장을 쏜 권총은 연속 두 발만 발사되었다. 따라서 7층에서 발견된 권총을 범행 도구라고 단정할 수는 없는 것이다.

변호사의 이 같은 반론에 근거해 법원은 검찰 측 기소를 기각했다. 결국 경찰은 추장 암살 사건을 다시 조사하지 않을 수 없게 되었다.

사건을 의뢰받은 변호사가 필요조건 조건추리 규칙을 정확히 적용한 결과, 경찰의 논거를 하나하나 부정할 수 있었던 사건이다. 변호사의 추리 과정을 살펴보자.

첫째, 변호사는 경찰의 주장은 필요조건 조건추리의 첫째 규칙을 위반했음을 지적했다.

경찰의 논거는 이렇다.

- 오직 그 때 7층에 있었던 사람만이 범인이다.
- 다딴니는 7층에 있던 사람이다.

- 따라서 다딴니가 범인이다.

필요조건 조건추리의 첫째 규칙에 의하면, 전건 긍정으로부터 후건 긍정의 결론을 끌어낼 수 없다. 그런데 경찰은 전건을 긍정하는 데서 출발해 후건을 긍정한 것을 논거로 삼았으므로 잘못되었다.

둘째, 변호사는 경찰의 주장은 역시 필요조건 조건추리의 첫째 규칙을 위반했음을 지적했다.

경찰의 논거는 이렇다.

- 오직 6.5밀리 구경 권총을 가진 사람만이 범인이다.
- 다딴니는 6.5밀리 구경 권총을 가진 사람이다.
- 따라서 다딴니가 범인이다.

이 역시 전건 긍정을 통해 후건 긍정에 도달했으므로 잘못이다.

셋째, 변호사의 분석은 필요조건 조건추리의 부정식을 정확하게 적용했다.

변호사의 논거를 보자.

- 오직 연속 두 발이 발사된 총만이 이번 사건의 흉기다.
- 7층에서 발견된 총은 연속 두 발을 쏜 총이 아니다.
- 따라서 그 총은 이번 사건의 흉기가 아니다.

변호사는 전건 부정으로부터 후건 부정의 결론에 이르렀으므로, 두 전제가 참이기만 하면 그 결론은 필연적으로 참이 된다.

필요충분조건 조건추리

필요충분조건 조건판단을 대전제로 하는 조건추리다. 필요충분조건은

전건이 존재하면 후건이 반드시 존재하고, 전건이 존재하지 않으면 후건
도 존재하지 않게 되는 전건과 후건 간 관계를 말한다.

필요충분조건 조건추리에는 다음의 네 가지 방식이 있다.

첫째는 전건 긍정을 통해 후건 긍정의 결론을 끌어내는 방식인데, 공
식은 다음과 같다.

- 만약 그리고 오직 p면 q다.
- p다.
- 따라서 q다.

예를 하나 들어 보자.

- 만약 그리고 오직 어떤 삼각형이 등변삼각형이면 그것은 등각삼각형
  이다.
- 이 삼각형은 등변삼각형이다.
- 따라서 이 삼각형은 등각삼각형이다.

둘째는 후건 긍정을 통해 전건 긍정의 결론을 끌어내는 방식으로, 공
식은 다음과 같다.

- 만약 그리고 오직 p면 q다.
- q다.
- 따라서 p다.

예를 들어 보자.

- 만약 그리고 오직 진정으로 용기 있는 사람이라면 정의를 위해 목숨도 바친다.
- 안중근은 조국의 독립을 위해 정의로운 죽음을 택했다.

- 따라서 안중근은 진정으로 용기 있는 사람이다.

셋째는 전건 부정으로 후건 부정의 결론을 끌어내는 방식인데, 공식으로 나타내면 다음과 같다.

- 만약 그리고 오직 p면 q다.
- p가 아니다.

- 따라서 q가 아니다.

예를 들어 보자.

- 만약 그리고 오직 2로 나누어지는 어떤 수는 짝수다.
- 5는 2로 나누어지지 않는다.

- 따라서 5는 짝수가 아니다.

넷째는 후건 부정으로 전건 부정의 결론을 끌어내는 방식이며, 공식은 다음과 같다.

- 만약 그리고 오직 p면 q다.
- q가 아니다.

- 따라서 p가 아니다.

예를 하나 살펴보자.

- 만약 그리고 오직 소신 있는 사람만이 논쟁을 두려워하지 않는다.
- 기회주의자는 논쟁을 두려워한다.
- 따라서 기회주의자는 진정으로 소신 있는 사람이 아니다.

필요충분조건 조건추리에서는 다음 네 가지 규칙이 준수돼야 한다.

첫째, 전건을 긍정했다면 후건을 긍정해야 한다.
둘째, 전건을 부정했다면 후건을 부정해야 한다.
셋째, 후건을 긍정했다면 전건을 긍정해야 한다.
넷째, 후건을 부정했다면 전건을 부정해야 한다.

황제가 천당에 갈 수 없는 이유

선언추리

옛날 포악하기로 악명 높은 황제가 있었는데, 그 나이가 칠십 고개를 넘어 저승 갈 날이 멀지 않게 되었다. 다만 몇 년이라도 더 호강을 누리고자 보약이란 보약은 모두 써 가며 장수하기만을 바랄 뿐이었는데…….

그러던 어느 날, 갑자기 중병에 걸려 앓아 눕게 된 황제는 다시는 병석에서 일어나지 못했다.

명이 얼마 남지 않았음을 안 황제는 죽은 다음에라도 천당에 가서 이승에서와 같은 호강을 누리는 것이 유일한 소원이었다.

그래서 황제는 어느 날 용하다고 소문난 점쟁이를 불러다 놓고 엄명했다.

"내가 죽은 다음 천당에 갈지 아니면 지옥에 갈지 점을 쳐 보아라!"

그러자 점쟁이는 서슴지 않고 대답했다.

"예, 황제 폐하! 저는 폐하를 위하여 이미 점을 쳐 보았습니다. 그런데 점괘에 나오기를 폐하께서는 승하하신 다음 지옥으로 가실 것 같습니다."

"뭐라고!"

황제는 뜻밖의 대답에 겁도 나고 화가 치밀어 눈을 부라리고 입술을 떨며 소리쳤다. 잠시 후 마음을 진정시킨 황제가 다시 물었다.

"그래, 천당에는 왜 못 가게 된단 말이냐?"

"황송한 말씀이옵니다만, 점괘에 의하면 황제께서 천당에 갈 사람을 너무 많이 죽인 탓에 천당이 꽉 차서 더 이상 들어갈 자리가 없답니다."

황제는 이 말을 듣고 맥없이 입을 벌린 채 그만 숨을 거두고 말았다.

점쟁이의 추리 과정을 살펴보자.

- 황제는 천당으로 가거나 지옥으로 간다.
- 황제는 (천당으로 갈 사람을 너무 많이 죽여 천당이 가득 찬 탓에) 천당으로 가지 못한다.
- 따라서 황제는 지옥으로 간다.

점쟁이는 이 같은 선언추리를 통해 포악한 황제의 명을 재촉했다.

점쟁이가 사용한 선언추리란 대전제가 선언판단(가능한 몇 개의 상황

중 적어도 하나의 상황이 존재한다는 것을 단정하는 판단)으로 되어 있고, 소전제는 이 선언판단의 일부 선언지(선언판단이 포함하는 각각의 판단)로 구성되는 추리를 말한다.

선언추리에는 배제적 선언추리와 결합적 선언추리가 있다.

배제적 선언추리

전제 중 배제적 선언판단(배제적 선언지를 포함하는 선언판단)이 있는 선언추리를 말한다. 배제적 선언판단의 선언지들은 모두 동시에 참이 될 수 없으며, 그 가운데 오직 하나만 참이 될 수 있다. 따라서 하나의 선언지를 참이라 긍정하면 나머지 선언지를 부정하게 된다. 그리고 배제적 선언판단의 선언지 중 적어도 하나는 참이 되므로 일부 선언지를 부정하는 것으로 나머지 하나의 선언지를 참이라 긍정할 수 있다.

배제적 선언추리에는 긍정에 의한 부정, 부정에 의한 긍정의 방식이 있다.

긍정에 의한 부정이란, 배제적 선언판단을 대전제로 하고, 소전제는 대전제에서 제시한 선언지 가운데 하나를 긍정하며, 결론은 나머지 선언지들을 부정하는 방식을 가리킨다.

공식으로 표시하면 다음과 같다.

- p거나 q다.
- p다.
- 따라서 q가 아니다.

다음의 예를 보자.

- 이 화공약품은 산성이거나 알칼리성이거나 중성이다.

- 이 화공약품은 산성이다.

- 따라서 이 화공약품은 알칼리성도 중성도 아니다.

부정에 의한 긍정이란, 대전제는 배제적 선언판단, 소전제는 하나의 선언지를 제외한 나머지 선언지를 모두 부정하며, 결론은 남은 하나의 선언지를 긍정하는 방식을 말한다.

공식으로 표시하면 다음과 같다.

- p거나 q다.

- q가 아니다.

- 따라서 p다.

앞 이야기에서 점쟁이가 사용한 방식이 바로 부정에 의한 긍정에 해당된다.

배제적 선언판단의 논리적 특성은 각 선언지가 배제된다는 데 있다. 때문에 배제적 선언추리에서는 다음의 규칙을 준수해야 한다.

첫째, 일부 선언지를 긍정했다면 반드시 다른 일부 선언지를 부정해야 한다.

둘째, 일부 선언지를 부정했다면 반드시 다른 일부 선언지를 긍정해야 한다.

결합적 선언추리

전제 가운데 결합적 선언판단(결합적 선언지를 포함한 선언판단)이 있는 선언추리를 말한다. 결합적 선언판단의 선언지들은 상호 배타적 관계가 아니므로, 동시에 참이 되거나, 적어도 하나는 참이 된다. 그러므로 일부 선언지를 부정한다면 다른 일부 선언지를 긍정할 수 있다. 그러나 일부 선언지를 긍정했다 해서 다른 일부 선언지를 부정하지는 못한다. 다른 일부 선언지도 동시에 참이 될 수 있기 때문이다.

결합적 선언판단의 이런 특징 때문에 결합적 선언추리에는 부정에 의한 긍정 방식밖에 존재할 수 없다.

공식은 다음과 같다.

- p거나 q다.
- q가 아니다.

- 따라서 p다.

예는 다음과 같다.

- 시험 성적이 나쁜 이유는 공부를 하지 않았거나 실수를 했기 때문이다.
- 시험 성적이 나쁜 이유는 실수를 했기 때문이 아니다.

- 따라서 시험 성적이 나쁜 이유는 공부를 하지 않았기 때문이다.

결합적 선언추리에서는 다음의 규칙을 준수해야 한다.

첫째, 일부 선언지를 부정한다면 다른 일부 선언지를 긍정할 수 있다. 위의 예가 이를 잘 보여 준다.

둘째, 일부 선언지를 긍정했다 해서 일부 선언지를 부정할 수 없다.

다음의 예를 보자.

- 질이 낮은 제품은 원료가 좋지 못하거나 가공에 문제가 있다.

- 질이 낮은 제품은 원료가 좋지 못하다.

- 따라서 질이 낮은 제품은 가공에 문제가 없다.

위 추리 과정은 앞서 설명한 두 번째 규칙을 위반했으므로 잘못이다. 질이 낮은 제품은 좋지 못한 원료가 원인인 동시에 가공에도 문제가 있을 수 있기 때문이다.

선언추리는 과학 연구와 일상적인 문제를 파악할 때 널리 사용되는 방식이다. 우리는 선언추리를 통해 연구 대상의 범위를 정하고 아이디어를 얻으며, 문제를 분석해 결론을 도출할 수 있다.

천 냥 내기 거짓말
양도추리

옛날 한 양반이 만년에 옛이야기나 들으며 태평스레 지내려고 방을 내걸었는데, 거짓말 세 가지를 하면 돈 천 냥을 준다는 내용이었다. 방이 나붙기 무섭게 돈 천 냥을 벌려고 팔도강산 난봉꾼들이 모여들어 거짓말을 하는데, 그야말로 가관이었다.

어떤 사람은 자기가 금강산에 내려온 선녀와 여차여차했다고 왕거미 밑구멍에서 거미줄 나오듯 거짓말을 늘어놓기도 했다.

그러면 그 양반은 "옳거니, 그런 일이 있었구면." 하고 맞장구를 쳤는데, 그러면 그것은 거짓말이 아닌 참말이 되어 버렸다.

이런 식으로 누가 어떤 거짓말을 하든 다 듣고 난 양반이 그런 일이 있었구나, 하고 인정해 버리니 천 냥은 여전히 임자 없는 신세였다.

그 무렵 어느 산골에 사는 더벅머리 총각이 이 소문을 듣고, 못된 양반 한번 골려 주겠노라며 양반의 집을 찾았다. 양반은 총각의 허술한 외양에 한숨이 나왔지만 방을 보고 거짓말을 하러 왔다는 말에 마지못해 허락한다는 듯이 말했다.

"그럼, 어디 해 보거라!"

양반이 자신을 대수롭지 않게 여긴다는 것을 눈치챈 총각은 첫 마디부터 허풍을 떨었다.

"대감께옵서 보시다시피 소인은 이처럼 호강하며 삽니다."

양반이 생각해도 총각놈의 거짓말이 너무도 터무니없었다. 남의 집 살이 하는 신세에 여지껏 장가도 못 간 놈이 무슨 호강이냐 싶었지만 호 강하며 사는 것 같지 않다고 했다가는 거짓말을 인정하는 꼴이 되겠기 에 꾹 참고 들었다.

"웅, 그러냐! 어서 더 말해 보거라!"

"예, 제가 이렇게 호강하며 살게 된 것은 남다른 방법으로 소를 키우 기 때문입니다."

"오호, 그러냐? 어떤 방법인지 들어나 보자."

"예, 저는 소를 궤짝 속에 넣어 기릅니다. 소에게 나무로 옷을 만들어 입히고 옆구리에 구멍을 뚫어 쉴 새 없이 여물을 먹입니다. 그러면 소가 살이 뒤룩뒤룩 찝니다."

"웅, 그렇겠지. 그래서?"

"나무 옷이 딱 맞게 되면 찐 살이 빠질 곳이 없으니, 살이 한쪽으로 밀 려 옆구리에 낸 구멍으로 쇠고기가 나옵니다. 그러면 소인은 칼을 들고 서서 계속해 나오는 쇠고기를 잘라 팔기도 하고 먹기도 합죠. 그래서 이렇게 호강하는 겁니다요."

들다 보니 하도 어처구니없는 허풍인지라 양반은 그만 참지 못하고 호통쳤다.

"예끼, 이 녀석아! 허풍을 쳐도 분수가 있지. 그런 허풍이 어디 있느냐! 네놈 꼴이 어디 호강하며 사는 모습이더냐!"

그러자 총각이 얼른 맞받았다.

"예, 그럼 제가 거짓말 하나를 했습니다." 하고는 시치미를 뚝 뗐다.

속이 쓰린 양반은 지금부터는 무슨 말을 하든 그런 일이 있었다고 대답하리라 작정하고 마음을 가다듬었다.

"응, 그래. 계속해서 또 이야기해 보거라."

"예, 그럼 계속하겠습니다."

총각은 목청을 가다듬으려 헛기침을 한번 하고는 다시 거짓말을 시작했다.

"대감께서 아시다시피 소인이 어릴 때 글을 잘 읽지 않았습니까?"

낫 놓고 기역자도 모를 것 같은 놈이 글을 잘 읽었다니 울화가 치밀었지만, 양반은 꾹 참고 "그래, 어서 말하거라." 하고 재촉했다.

"예, 그것도 소생이 대감께 글을 배우지 않았습니까! 그때 소생이 글을 어찌나 잘 읽었던지 대감께서 소생의 머리를 슬슬 쓰다듬어 주시면서 '너 글을 참 잘 읽는구나. 네가 크면 내 셋째 딸을 주마!'라고 하셨지요? 소생이 이제는 글도 다 읽고 이처럼 장성했으니 약속대로 따님을 주셔야지요."

양반에게는 과연 셋째 딸이 있었고, 또 지금 한창 명문 대가의 사윗감을 고르는 중이었다. 그러던 차에 이 남루한 더벅머리 총각이 딸을 달라고 하니 분이 상투 끝까지 치밀지 않겠는가. 그런데 '그런 일이 없었다'고 하면 거짓말을 인정하는 게 되고, '그런 일이 있었다'고 하면 딸을 줘야 하니, 진퇴양난의 상황이었다.

"에라, 이놈아! 내가 언제 그런 말을 했느냐?!" 하고 양반은 소리를 질렀다.

그러자 총각은 얼른 말을 받아 "예, 그럼 소인이 거짓말 두 가지를 했습니다." 하며 즐거워했다.

두 번이나 거짓말을 인정하고 나자 양반은 초조해지기 시작했다. 이젠 한 번밖에 안 남았으니 무슨 말을 하더라도 '그런 일이 있었네'라고 대답하겠다고 각오를 단단히 했다.

총각은 거짓말을 계속했다.

"소인은 젊었을 때 봇짐장사를 했습니다."

이제 겨우 스무 살 남짓 되는 놈이 무슨 젊었을 때의 일이란 말인가. 시작부터 거짓말이었지만 양반은 꾹 참고 "응, 계속 이야기하게."라고 대답했다.

"예. 소인이 봇짐을 지고 한 곳에 이르니 벼락바위 위에 큰 대추나무가 있었습니다. 조롱조롱 달린 대추가 욕심은 났지만 올라가지 못해 이 궁리 저 궁리 하던 끝에 고춧가루 세 가마를 구해 와 벼락바위 틈에 쏟아부었지요. 그랬더니 바위가 매웠는지 캑캑거리며 재채기를 하는 통에 대추나무가 떨리면서 주먹만 한 대추가 막 떨어졌습니다."

역시나 한심한 거짓말이었지만, 양반은 "그래, 어서 이야기하게."라고 할 수밖에 없었다.

"대추를 주워 모으니 무려 수십 가마나 되었습죠. 그 대추를 몽땅 서울로 가져왔는데, 마침 서울 장안에 대추가 귀해 임금님 약에 쓸 대추조차 없었습니다. 그래서 대추 한 가마에 값이 천 냥씩이나 했습니다."

기가 막힐 따름이었지만 양반은 어쩔 수 없이 "그래, 그랬지. 그때 나도 대추를 그렇게 비싸게 주고 사다 쓴 일이 있었네." 하고 맞장구까지 쳐 주었다.

그러자 총각은 신이 나서 말했다.

"예, 그때 양반께서 소인의 대추 세 가마를 외상으로 가져오신 일이 있지 않습니까? 이제 그 빚을 갚으셔야겠습니다!"

이 또한 기가 찰 노릇이었다. '그런 일이 있다'고 하면 돈 삼천 냥을 내줘야 하고, '그런 일이 없다'고 하면 거짓말 세 가지를 인정하게 되므로 돈 천 냥을 줘야 했다.

곰곰이 생각해 보니 그래도 천 냥을 주는 편이 나을 것 같았다. 그래서 양반은 노기등등하여, "이놈아! 내 언제 대추를 외상으로 먹은 일이 있느냐!" 하고 고래고래 소리쳤다.

그러자 총각은 이때다 싶어, "예, 그럼 소인은 거짓말 세 가지를 다 했습니다요. 이제 돈 천 냥을 내놓으시지요!" 하고 태연하게 말하는 것이었다.

전래동화 책에서 읽어 본 적 있는 이야기일 것이다.

총각은 어떻게 양반을 진퇴양난에 몰아넣고 내기에 이길 수 있었을까? 바로 그가 양도추리를 능란하게 활용했기 때문이다.

양도추리란 무엇일까? 양도추리란 대전제가 두 개의 조건판단으로 구성되고, 소전제는 두 개의 선언지를 가진 선언판단으로 이루어진 추리를 말한다.

양도추리에는 구성식과 파괴식, 두 종류가 있다.

구성식

대전제를 이루는 두 개의 조건판단이 모두 충분조건 조건판단이며, 소전제가 되는 선언판단의 각 선언지가 대전제의 전건을 승인하고, 결론에서 대전제의 후건을 승인하는 양도추리 형식이다. 구성식에는 단순구성식과 복합구성식이 있는데, 대전제 두 개의 후건이 동일한 것을 단순구성식이라 하며, 공식으로 나타내면 다음과 같다.

- 만약 A라면 C가 된다.
- 만약 B라면 C가 된다.
- A거나 B다.

- 따라서 C가 된다.

추리 예를 하나 들어 보자.

- 만약 토끼가 범을 건드린다면 범은 토끼를 잡아먹으려 할 것이다.
- 만약 토끼가 범을 건드리지 않아도 범은 토끼를 잡아먹으려 할 것이다.
- 토끼는 범을 건드리거나 건드리지 않거나 할 것이다.

- 따라서 범은 어찌 됐든 토끼를 잡아먹으려 할 것이다.

대전제 후건 두 개가 다른 것은 복합구성식이다. 그 공식은 다음과 같다.

- 만약 A라면 C가 된다.
- 만약 B라면 D가 된다.

- A거나 B다.

- 따라서 C거나 D다.

이야기에서 총각이 사용한 것이 복합구성식이다. 세 가지 거짓말 모두 양도추리 복합구성식인데, 그중 세 번째 거짓말을 살펴보겠다.

- 만약 외상으로 가져온 일이 있다고 하면 삼천 냥을 내야 한다.
- 만약 외상으로 가져온 일이 없다고 하면 천 냥을 내야 한다.
- 외상으로 가져온 일이 있다고 하거나 외상으로 가져온 일이 없다고 해야 한다.

- 따라서 삼천 냥을 내거나 천 냥을 내야 한다.

위처럼 복합구성식은 논증력이 강해 양도추리에서 가장 많이 사용된다.

파괴식

대전제가 되는 두 개의 조건판단 모두 충분조건 조건판단이고, 소전제가 되는 선언판단의 각 선언지가 대전제의 후건을 부인하며, 결론에서 대전제 전건을 부인하게 되는 양도추리 형식이다. 파괴식에도 단순파괴식과 복합파괴식이 있다.

대전제의 전건 두 개가 동일한 것을 단순파괴식이라 하며, 공식으로는 다음과 같이 나타낸다.

- 만약 A라면 C가 된다.
- 만약 A라면 D가 된다.

- C가 아니거나 D가 아니다.
- 따라서 A가 아니다.

실제 추리 예를 보자.

- 만약 그가 품행이 방정한 학생이라면 학교 생활에 성실할 것이다.
- 만약 그가 품행이 방정한 학생이라면 나쁜 행동을 하지 않을 것이다.
- 그는 학교 생활에 성실하지 못하거나, 나쁜 행동을 한다.
- 따라서 그는 품행이 방정한 학생이 아니다.

대전제 전건 두 개가 다르면 복합파괴식이다. 공식은 다음과 같다.

- 만약 A라면 C가 된다.
- 만약 B라면 D가 된다.
- C가 아니거나 D가 아니다.
- 따라서 A가 아니거나 B가 아니다.

다음 이야기를 보자.

　　현수는 서울에서 대학을 졸업하고 좋은 직장에 취직해 결혼까지 하고 잘살게 되었다. 하지만 시골에 계신 부모님이 그동안 자신을 뒷바라지한 건 까맣게 잊고 처자식만 생각하며 살기 바빴다. 효도는커녕 어머니가 중병을 앓고 계시는데도, 바쁘다는 핑계로 문병 한 번 오지 않았다.

　　부모님과 함께 시골에 사는 동생들은 형의 그런 태도가 몹시 못마땅해 사정도 하고 타이르기도 했으나, 평소 살가운 정이 오가지 않은 탓에 별 소용이 없었다.

이 사실을 알게 된 고향 친구 병규가 현수를 찾아가 타이르면서 이렇게 꾸짖었다.

"만약 네게 털끝만큼의 양심이라도 있다면 연로한 부모님을 잘 모시려 할 테고, 조금이라도 인륜을 아는 사람이라면 불쌍한 동생들을 도와 우애 있게 지낼 거야. 하지만 너는 효도나 우애는커녕 부모형제를 남만큼도 생각하지 않으니, 어찌 최소한의 양심이 있거나 인륜을 아는 사람이라고 할 수 있겠니!"

여기에서 병규가 현수를 털끝만 한 양심도 없고 인륜까지 저버린 사람이라고 나무랄 때 사용한 방법이 복합파괴식이다. 병규가 한 말의 논리 구조를 보면 다음과 같다.

- 만약 양심이 있는 사람이라면 부모를 잘 모실 것이다.
- 만약 인륜을 아는 사람이라면 동생들과 우애 있게 지낼 것이다.
- 그는 부모를 잘 모시지 않는 사람이거나, 동생들과 우애 있게 지내지 않는 사람이다.

- 따라서 그는 양심이 없거나 인륜을 저버린 사람이다.

양도추리를 진행할 때는 반드시 다음 두 가지 규칙을 지켜야 한다. 그렇지 않으면 결론은 거짓이 된다.

첫째, 대전제를 이루는 조건판단의 전건과 후건 사이에는 필연적인 관계가 있어야 한다.

다음 이야기를 읽어 보자.

    옛날, 도술이 신통하다 자처하는 도사가 자기가 그린 그림 한 장을 방 안에 붙여 놓으면 밤에 모기가 들어오지 않는다며 큰소리 쳤다.

    그러자 한 젊은이가 도사의 그림 한 장을 사서 방 안에 붙여 놓고 잠을 자 보기로 했다. 하지만 모기는 여전히 앵앵 날아다니며 잠을 방해할 뿐이었다.

    도사에게 속았다고 생각한 젊은이는 새벽에 눈을 뜬 즉시 도사를 찾아가 따졌다.

    "당신은 왜 사람을 속이는 거요?"

    "사람을 속이다니, 어디 직접 가서 확인해 보세."

    도사는 젊은이를 앞세워 그의 집으로 가 방 안을 둘러보고는 이렇게 말했다.

    "이렇게 붙여서야 모기가 안 들어올 리가 있나! 그림을 붙이는 순서가 잘못됐네."

    "그림을 붙이는 순서라니요?"

    "그렇다네. 순서가 잘못됐어. 매일 저녁, 방 안 모기를 전부 쫓아내고 문을 꼭 닫은 후에 이 그림을 붙여야 한단 말일세!"

    도사의 꼼수를 알아챘는가? 도사의 사고 전개 과정을 다음의 양도추리 형식으로 나타내 보겠다.

- 만약 모기가 들어오지 않았다면 내 그림은 효험이 있는 것이니 나는 너를 속이지 않았다.

- 만약 모기가 들어왔다면 네 방법이 틀렸기 때문으로 나는 역시 너를 속이지 않았다.
- 모기가 들어오지 않았거나 모기가 들어왔다.
- 따라서 나는 너를 속이지 않았다.

추리 과정의 오류를 파악했는가? 앞서 설명한 대전제 두 번째 조건판단의 전건과 후건에 서로 필연적인 관계가 없는 추리라는 게 문제가 된다. 방 안의 모기를 몽땅 쫓아 버렸다면 굳이 그림을 사다 붙일 필요가 없는 것이다.

예를 하나 더 들어 보겠다.

한 남자가 친구한테 동생이 절도범으로 감옥에 잡혀간 이야기를 하면서 이렇게 말했다.

"동생도 그럴 수밖에 없지. 아, 그래 학교에 가면 선생님이 늘 뭐라고 하지. 집에 오면 부모가 밤낮 욕설을 퍼붓지. 그러니 학교에도 못 가고 집에도 붙어 있지 못하게 돼 길거리 말고 쏘다닐 데가 있나! 그러니 결국 도둑질을 하는 수밖에 없지 않겠어!"

그는 이런 양도추리로 동생의 범죄 행위를 수긍한다는 태도를 취했다.

그런데 이 양도추리는 잘못된 것이다. 이것 역시 대전제 속 조건판단의 전건과 후건에 필연적인 관계가 없기 때문이다. 학생은 학교에 가면 선생님께 꾸중을 듣고, 집에서는 부모에게 욕을 듣는 존재가 아니다. 학교에서나 집에서 아무 잘못 없는 사람을 나무라지는 않는다. 뭔가 원인이 되는 행위가 있을 때 선생님이나 부모가 그를 나무라는 것이다. 따라서 위의 대전제는 옳지 않으며, 동생을 동정하는 남자의 결론은 잘못되었다.

두 번째 규칙은 소전제를 구성하는 선언지는 모든 가능성을 포괄해야 하며, 각 선언지는 상호 배타적 관계에 놓여야 한다는 것이다. 즉 각 선언지는 동시에 존재하지 못하며, 하나의 선언지가 성립하면 다른 선언지는 성립이 불가능하다.

예를 들어 보겠다.

- 만약 운동을 너무 지나치게 하면 공부에 나쁜 영향을 준다.
- 그리고 만약 운동을 너무 적게 하면 신체 건강에 나쁜 영향을 준다.
- 성규는 운동을 너무 지나치게 하거나 너무 적게 한다.

- 따라서 성규는 어쨌든 공부를 못하거나 건강이 좋지 않을 것이다.

이는 잘못된 양도추리다. 소전제에 있는 선언지가 모든 가능성을 포괄하고 있지 않기 때문이다. '만약 운동을 적당히 하면……'이라는 선언지가 누락돼 있는 것이다.

제**4**장

귀납추리

큰 제자, 작은 제자

귀납추리

옛날 한 서당 훈장이 큰 제자와 작은 제자의 지혜를 시험해 보고 싶었다. 어떤 방법이 좋을지 곰곰이 생각한 훈장은 땅콩이 가득 든 주머니 두 개를 주며 두 제자에게 말했다.

"내가 오늘 너희의 지혜를 시험해 보겠느니라. 그러니 이 땅콩 주머니를 하나씩 가지고 돌아가 땅콩마다 속껍질이 있는지 없는지 알아 오도록 하거라!"

그러자 큰 제자는 땅콩 주머니를 둘러메고 바삐 집으로 돌아와 밥 먹는 것조차 잊고 밤새 껍질을 하나하나 벗겨 보았다.

하지만 작은 제자는 집에 돌아와 땅콩 주머니를 앞에 놓고 앉아 곰곰 생각한 끝에 잘 여문 것과 덜 여문 것, 한 알짜리와 두 알짜리, 세 알짜리 등 상태가 다른 땅콩을 몇 개씩 골라 겉껍질을 벗겨 보았다. 어느 것 할 것 없이 모두 속껍질이 있었다.

작은 제자는 곧장 훈장에게 달려가, "스승님, 땅콩마다 모두 속껍질이 있습니다." 하고 알렸다.

큰 제자는 새벽까지 땅콩 껍질을 모조리 벗겨 보고서야 모든 땅콩에 속껍질이 있다는 사실을 알았다. 그 역시 재빨리 훈장에게 달려가 말씀을 올렸다.

"스승님, 땅콩마다 전부 속껍질이 있습니다."

그러자 훈장은 작은 제자를 향해 나이는 어려도 아주 총명하다고 칭찬을 아끼지 않았다.

이야기에서 두 제자가 쓴 방법 모두 귀납추리가 된다.

큰 제자는 주머니 속 땅콩을 하나하나 벗겨 보고 모두 속껍질이 있다는 결론을 얻어냈고, 작은 제자는 주머니 속 땅콩 몇 알을 벗겨 보고 땅콩마다 속껍질이 있다는 결론을 얻었다. 두 사람 다 개개의 땅콩을 벗겨 보고 땅콩에 모두 속껍질이 있다는 일반적인 결론을 얻었다.

개별적인 사물이나 혹은 현상에서 그런 유(類)의 사물이나 현상이 갖는 일반적인 결론을 도출하는 방법을 귀납추리라고 한다.

귀납추리는 연역추리와 더불어 사고 과정에서 매우 큰 역할을 한다.

사람은 사고할 때 대개 개별적인 것에서 보다 일반적인 것으로, 또 일반적인 것에서 개별적인 것으로 나아가는 방향성을 보인다. 귀납추리는 개별 지식에 근거해 일반 지식에 이르는 방법인 까닭에 자연과학 분야에서 널리 활용되는 형식이 되겠다.

비범한 수학 재능
완전귀납추리

독일의 수학자 가우스는 어려서부터 이미 남보다 뛰어난 수학 재능을 보였다.

그가 초등학교에 다니던 열 살 때의 일이다. 하루는 산수 시간에 선생님이 다음과 같은 계산 문제를 냈다.

1+2+3+4+……+97+98+99+100=?

선생님은 계산 문제를 칠판에 쓰면서 너무 복잡한 문제라 어린 학생들이 풀지 못하리라고 생각했다.

그런데 뜻밖에도 문제를 쓰기 무섭게 가우스가 손을 들고 일어나, "선생님, 그 문제의 답은 5,050입니다." 하고 대답하는 게 아닌가.

아이들은 모두 의아한 눈길로 가우스를 바라보았다.

선생님도 뜻밖의 빠른 대답에 놀라며 가우스에게 어떻게 계산했느냐고 물었다.

가우스는 또박또박 대답했다.

"1부터 100까지 수에는 한 가지 독특한 특징이 있습니다. 앞뒤로 차례로 두 수를 더하면 모두 101이 되는데, 이런 수가 모두 50개입니다. 다시 말하면 1부터 100까지에는 101이 50개 있습니다. 그러므로 이 100개 수의 합은 101×50=5,050이 됩니다."

선생님은 어린 가우스의 천재적인 재능에 감탄하지 않을 수 없었다.

가우스가 문제를 이처럼 빠르고 정확하게 풀 수 있었던 것은, 그가 의식적이든 무의식적이든 완전귀납추리 형식을 적용했기 때문이다.

가우스의 추리 과정은 다음과 같다.

- 1+100=101
- 2+99=101
- 3+98=101
- 4+97=101

  ⋮

- 50+51=101
- 따라서 (1부터 100까지 수) 앞뒤로 차례로 두 수를 더하면 101이다.

이처럼 어떤 부류로 포괄되는 각각의 대상이 모두 어떤 속성을 지니는 것에서 해당 부류의 대상 전부가 그런 속성을 지닌다는 결론에 이르는 귀납추리를 완전귀납추리라 한다.

주머니 속 땅콩 껍질을 모두 벗겨 본 끝에 땅콩마다 속껍질이 있다는 결론을 얻은 앞 이야기의 큰 제자가 택한 방법도 여기에 해당된다.

완전귀납추리는 다음과 같이 공식으로 나타낸다.

- S_1은 P다.
- S_2는 P다.
- S_3는 P다.
  $\vdots$
- Sn은 P다.

  (S_1, S_2, S_3, ……Sn은 S류 전체의 개별 대상이다.)
  _____
- 따라서 모든 S는 P다.

완전귀납추리는 다음의 조건을 갖추어야만 옳은 결론에 이를 수 있다.

첫째, 전제가 되는 판단이 참이어야 한다. 각 전제가 옳지 않으면 그로부터 도출되는 결론이 옳을 수 없다.

둘째, 전제에 해당 유(類) 사물 전체가 포함되어야 한다. 그렇지 않으면 예외의 경우가 생길 수 있으며, 그러면 그 결론은 틀릴 수 있다.

완전귀납추리로 도출된 결론은 해당 부류 전체를 고찰한 끝에 획득된 것으로 확실성을 띤다. 완전귀납추리가 일상생활이나 실천 활동, 특히 과학 탐구에서 많이 쓰이는 것은 그런 이유다.

그러나 객관적 현실을 인식할 때의 완전귀납추리는 그 적용 범위가 제

한된다. 왜냐하면 완전귀납추리는 하나의 부류에 포괄되는 대상의 수가 한정돼 있고, 또 그 수가 많지 않은 경우에만 적용이 가능하기 때문이다. 대상의 수가 너무 많거나 무한일 때는 대상 전부를 일일이 고찰할 수 없으므로 완전귀납추리를 사용하지 못한다.

그러므로 우리는 대상의 구체적 정황에 따라 다른 귀납추리를 적용해야 한다. 완전귀납추리를 적용해야 하는 경우에 불완전귀납추리를 사용한다면 결론이 잘못되거나 경솔한 판단에 이를 수 있으며, 그 반대의 경우일 때도 마찬가지다. 두 제자 이야기에서 큰 제자가 적용한 완전귀납추리는 그 상황에 적절치 못했기에 그는 작은 제자에게 지고 말았던 것이다.

대돈혈을 발견하다!

통계적 귀납추리

중국의 옛 의학서 『내경』에 이런 이야기가 있다. 만성 두통이 있는 한 젊은이가 산에서 땔나무를 하다 실수로 발가락을 다쳤다. 그런데 상처에서 피가 좀 나는가 싶더니 아프던 머리가 갑자기 시원해지는 느낌을 받았다. 하지만 젊은이는 이를 대수롭지 않게 여겼다.

며칠 후 두통이 재발했다. 젊은이는 여전히 산에 올라가 땔나무를 하지 않으면 안 되는 상황이었다. 그런데 이번에도 공교롭게 발가락을 다쳤다. 그러자 지난번과 마찬가지로 아프던 머리가 시원해지지 않겠는가.

이후 젊은이는 머리가 아플 때면 의식적으로 그 발가락을 바늘로 찌르곤 했는데, 과연 그때마다 두통이 멎거나 통증이 덜해졌다.

이 젊은이가 찌른 부위가 바로 인체의 혈위 가운데 대돈혈이라는 곳으로, 예로부터 한의사들은 침구요법으로 대돈혈에 침을 놓아 두통을 치료해 왔다.

대돈혈을 바늘로 찔러 두통이 멎은 이 젊은이가 사용한 것이 불완전귀납추리의 한 형식인 통계적 귀납추리가 되겠다.

불완전귀납추리란 무엇인가? 불완전귀납추리란 어떤 부류에 포함되는 일부 대상이 어떤 속성을 가지고 있다는 데서 그 부류 대상 전체가 그런 속성을 지닌다는 결론을 끌어내는 귀납추리를 말한다.

불완전귀납추리는 결론에 이르는 논리적 조작과 근거의 차이에 따라 통계적 귀납추리와 인과적 귀납추리로 나뉜다.

통계적 귀납추리란 일련의 동종 대상에 동일한 속성이 반복해 나타나고 있으며, 또 그와 모순되는 예가 한 번도 발견되지 않는다는 데 근거해 동종 대상 모두가 그러한 속성을 지니리라는 결론을 도출하는 방법이다.

통계적 귀납추리를 통속적 귀납추리라 부르기도 하는데, 과학적 논증에 적용되기보다는 주로 일상생활에서 활용되기 때문이다.

또 '단순 열거에 의한 귀납추리'라 부를 때도 있는데, 이 방식이 서로 모순되지 않는 일련의 사례를 단순히 열거하기만 할 뿐, 그 이상 아무런 추가조작 없이 일반적인 결론에 이르는 까닭이다.

많은 속담과 민간요법들은 어떤 과학적·이론적 근거가 있어 지금껏 전해지고 사용되는 것이 아니며, 다만 사람들의 오랜 경험과 그와 모순되는 사례가 발생한 적이 없다는 사실에 힘입어 현재까지 이어진 것이라

봐야 한다. 그리고 이때 판단의 틀 역할을 하는 것이 통계적 귀납추리가 되겠다.

'제비가 낮게 날면 비가 온다', '개미가 이사 하면 장마가 시작된다', '눈이 많이 온 이듬해엔 풍년이 든다'와 같은 결론은 지속적으로 경험한 끝에 얻은 일반론으로, 통계적 귀납추리로 획득된 것이다. 통계적 귀납추리를 공식으로 나타내면 다음과 같다.

- S_1은 P다.
- S_2는 P다.
  $\vdots$
- Sn은 P다.

- 따라서 모든 S는 P다.

통계적 귀납추리는 몇 가지 사실을 열거함으로써 결론을 도출하기 때문에 그 결론에 필연성은 없고 개연성만 존재한다. 관찰이 끝난 대상 외 다른 대상들에 이와 모순되는 경우가 발생할 수 있기 때문이다.

'금속은 물에 가라앉는다', '모든 새는 날 수 있다', '피는 모두 붉다', '고니는 모두 희다', '물고기는 모두 아가미로 호흡한다' 등의 결론은 모두 통계적 귀납추리 끝에 얻어진 것이다.

훗날 물보다 가벼운 금속을 찾아냈고, 아프리카에서 날지 못하는 새 타조를 발견했으며, 남극에서 흰색 피를 가진 물고기를, 오스트레일리아에서 검정 고니를 발견했으며, 남아메리카에서 허파로 호흡하는 물고기를 발견했기에, 앞의 결론은 모두 틀린 것이 되고 말았다.

통계적 귀납추리로 얻은 결론은 개연성을 지닐 뿐 확실성을 보장해 주지 못하지만 일상생활에서나 과학 연구에 늘 적용되며, 또 과학과 인간의 경험을 통해 과학적 근거를 밝혀내는 경우에는 과학적 명제[24]로 인정될 수 있다.

---

24) 명제(proposition): 객관적 사태를 언어로 표현한 것을 말합니다. 즉 하나의 속성이 어떤 사태에 속하는지, 사물들 간 관계가 어떠한지를 언어를 통해 문장으로 표현할 때, 이 문장을 명제라고 합니다.

특이한 남색 염료 제조법
인과적 귀납추리

　19세기의 일이다. 독일의 화학자 리비히가 영국에 건너가 남색 염료 제조 공장을 시찰한 일이 있었다. 공장에서는 남색 염료를 제조할 때 원료를 용액에 섞어 큰 가마에 넣고 끓이면서 삽을 가마 바닥에 대고 쉴 새 없이 젓는 방법을 사용하고 있었다. 그래서 공장 안은 철과 철이 마찰되는 소음으로 매우 시끄러웠다.

　이를 이상하게 여긴 리비히가 공장장에게 물었다 "용액을 저을 때 왜 굳이 소음이 나게 하는 겁니까?"

공장장이 대답하기를, "우리의 경험에 의하면 가마 안 용액을 저을 때 철과 철의 마찰 소리를 크게 낼수록 남색 염료의 질이 좋아지기 때문입니다."란다.

숙소로 돌아온 리비히는 다각도로 연구한 끝에 다음과 같은 결론에 이르렀다.

'마찰 소리가 클수록 남색 염료의 질이 좋아지는 것은 마찰로 인해 떨어져 나간 철 성분이 용액 속에서 화학 작용을 유발하기 때문이다. 그러니 삽으로 힘들게 저을 것 없이 철 성분이 함유된 물질을 용액에 첨가해 주면 되지 않을까.'

며칠 후 공장에서 리비히의 결론을 시험했더니, 과연 그 효과가 뛰어났다.

이야기에서 '마찰 소리가 클수록 염료의 질이 좋아진다'는 공장장의 결론은 실제 생산 경험에 근거해 얻어진 것으로, 통계적 귀납추리를 적용한 것이다. 그러나 '철 성분이 함유된 물질을 넣으면 염료의 질이 좋아진다'는 리비히의 결론은 인과적 분석을 통해 얻은 것으로 인과적 귀납추리를 적용했다. 인과적 귀납추리를 과학적 귀납추리라 부르기도 한다.

인과적 귀납추리란 어떤 부류의 대상 일부가 지닌 필연적 연관성을 인식하고, 이를 근거로 부류 전체에 대한 일반론을 끌어내는 방법이다.

다음의 예를 보자.

- 철은 열을 받으면 부피가 커진다.
- 구리는 열을 받으면 부피가 커진다.
- 납은 열을 받으면 부피가 커진다.

:

- 철, 구리, 납은 금속의 일종이다. 금속은 가열할 때 분자의 응집력이 떨어지기 때문에 그 부피가 늘어난다.
- 따라서 모든 금속은 열을 받으면 부피가 커진다.

인과적 귀납추리를 공식으로 나타내면 다음과 같다.

- S_1은 P다.
- S_2는 P다.
- S_3는 P다.
  :
- Sn은 P다.

  ($S_1, S_2, S_3 \cdots\cdots$ Sn은 S류 대상 일부이며, 이것들과 P 사이에는 필연적인 관계가 있다.)

- 따라서 모든 S는 P다.

꼭 물리학을 배운 사람이 아니더라도 '액체 속에 잠긴 물체가 받는 부력은 그 물체가 밀어낸 액체의 무게와 같다'는 아르키메데스의 정리를 들어 본 적이 있을 것이다.

고대 그리스의 수학자이자 물리학자인 아르키메데스가 이 정리를 발견하는 과정에는 다음의 유명한 일화가 있다.

그리스의 왕이 보석가공사를 불러 순금덩이를 건네며 왕관을 만들라고 명령했다. 며칠 후 보석가공사는 왕관을 만들어 가져왔다. 왕이 왕관을 저울에 달아 보았더니 원래 금덩이의 무게와 똑같았다.

그러나 왕은 의구심을 떨쳐 버리지 못했다. 장사꾼은 제 애비도 속인다는데, 이 보석가공사가 왕관을 만들 때 구리나 은을 섞고 금을 일부 떼먹지 않았을지 의심스러웠다.

그래서 왕은 아르키메데스를 시켜 왕관이 순금으로 만들어졌는지 아닌지를 검사해 보라고 했다. 단 왕관을 손상시켜서는 안 된다는 조건을 달았다.

왕관이 순금으로 만들어졌는지 아닌지 알아내려면 왕관의 부피를 구하기만 하면 되었다. 왜냐하면 금은 비중이 크기 때문에 왕관이 순금으로 된 것이 아니라면 왕관 부피가 같은 무게의 순금보다 더 클 것이기 때문이다.

그러나 복잡한 구조로 된 왕관에는 무늬까지 새겨져 있어 기하학적 방법으로는 그 부피를 구하기가 어려웠다.

왕관을 앞에 놓고 며칠을 궁리했지만 아무런 방법도 찾아내지 못한 아르키메데스는 지치는 것을 느꼈다. 그래서 피로도 풀 겸 목욕탕에 가기로 했다.

욕조에 물을 가득 부어 놓고 들어가 앉으니 물이 밖으로 넘쳐 흘렀다. 그는 잠시 생각에 잠겨 몸을 물속 깊이 담갔다. 순간 그는 물속에서 몸이 받는 부력이 물 밖에서보다 더 커지는 것을 느꼈다. 그 사실을 깨달은 순간 아르키메데스는 "그래, 바로 그거야!" 하고 외치며 탕에서 나와 옷도 제대로 걸치지 않고 집으로 돌아왔다.

그는 그릇에 물을 채우고 왕관을 담갔다. 그리고 그릇에서 흘러나온 물을 받아 그 부피를 구했다. 그다음 왕관 무게와 똑같은 금덩이를 물에 담가 흘러나온 물의 부피를 측정했다. 그 결과 왕관을 넣어 흘러나온 물의 부피가 금덩이를 넣었을 때보다 훨씬 큰 것을 알게 되었다. 왕관의 부피가 금덩이의 그것보다 더 크다는 것이 증명되었다. 이는 곧 보석가공사가 왕관을 만들 때 다른 금속을 섞어 사용했다는 것을 의미했다. 이 사실은 곧 왕에게 알려졌고, 보석가공사는 엄벌을 받게 되었다.

아르키메데스는 이때부터 액체 속에 잠긴 물체가 받는 부력에 대해 깊이 연구하기 시작했다. 그는 용기에 물 등 여러 가지 액체를 채우고 갖가지 물체를 넣으면서 반복적으로 실험했는데, 그 결과 액체에 잠긴 물체가 받는 부력은 그 물체가 밀어낸 액체의 부피와 같다는 결론을 얻었다. 그 후 이것은 액체 내부 압력에 의해 발생하는 필연적 결과임이 밝혀졌다. 이 이론은 유명한 아르키메데스의 정리로 명명되었는데, 이 역시 인과적 귀납추리를 통해 얻은 결론이다.

인과적 귀납추리가 통계적 귀납추리와 다른 점은 무엇일까?

첫째, 추리 근거가 다르다. 통계적 귀납추리는 고찰한 동종의 대상에 동일한 속성이 반복해 나타나고, 또 그와 모순되는 사례가 한 번도 나타나지 않았다는 사실에 근거해 일반론에 이른다. 그러나 인과적 귀납추리는 어떤 부류에 속하는 사물 일부와 그 속성 간 필연적인 연관이 있다는 데 근거해 일반론을 얻는다.

둘째, 결론의 확실성이 다르다. 통계적 귀납추리에서 결론은 개연성을 지니며, 그것이 참이 될 수도 거짓이 될 수도 있어 반드시 확실하다고 보기는 어렵다. 그러나 인과적 귀납추리에서는 근거가 확실하고 필연적 연관에 대한 분석이 정확하기만 하면 결론은 언제나 확실하다고 믿을 수 있다. 하지만 사물과 현상이 갖는 원인은 매우 복잡하고, 그에 대한 인식 역시 실천과 지식의 발전에 따라 복잡성을 띠어 가므로, 인과적 귀납추리의 결론도 실천을 통해 검증되어야 한다는 숙제는 남는다.

셋째, 추리 전제의 개수가 갖는 의미가 다르다. 통계적 귀납추리에서는 전제의 수가 많으면 많을수록 결론의 확실성이 커지므로 그 개수의 늘어남은 중요하다. 반면, 인과적 귀납추리에서는 전제의 수가 많지 않더라도 그것들의 필연적인 연관을 인식했다면, 그로부터 정확한 결론을 얻을 수 있기에 전제의 많고 적음은 크게 중요하지 않다.

인과적 귀납추리의 이러한 특징은 우리의 사고 활동에 광범위하게 적용된다. 개별 사실에서 일반적인 합법칙성을 도출하는 과학 연구 분야에서 가장 널리 활용되는 것은 당연한 일일 것이다.

통계적 귀납추리로부터 인과적 귀납추리에 이르는 과정은 객관적 사실에 대한 인간의 인식이 심화에 심화를 거듭한 과정이다. 이 과정은 몇 년, 몇 십 년, 심지어 몇 백 년이 걸리기도 한다.

유명한 골드바하 문제가 한 예가 되겠다. 현재 그 인식은 통계적 귀납추리에서 인과적 귀납추리에 이르는 과정에 놓여 있다.

1742년 독일의 수학자 골드바하는 6보다 작지 않은 모든 짝수는 두 소수(素數: 1과 그 자신 이외의 정수[整數]로는 나누어 떨어지지 않는 정수)의 합으로 나타낼 수 있다는 것을 발견했다. 그 후 어떤 사람이 3억3천만까지의 짝수를 계산해 골드바하의 발견이 정확하다는 것을 밝혔다.

그런데 이보다 더 큰 짝수인 경우도 해당될까? 만약 그렇다면 어째서일까? 이 문제를 해명하려면 그 필연성을 제시하고 증명해야 한다. 증명되기 전에는 통계적 귀납추리로 얻은 결론에 불과할 뿐이므로, 여전히 문제로 남아 있게 된다.

이후 많은 학자들이 이 문제를 증명하고자 연구를 거듭했다. 허나 두 세기가 지나도록 별 진전이 없던 이 문제는 1920년대에 이르러 포위권을 설치하는 방법으로 증명이 시도되었다. 수학자들은 이 문제를 (1+1)이라고 통계적으로 표현했다. 따라서 (1+1)이 정확하다는 것을 증명하는 사람은 골드바하 문제를 실증하게 된다.

1920년 노르웨이의 수학자 브라운이 (9+9)를 증명했다. 그 후 거의 반세기가 흐르는 동안 많은 탁월한 수학자들이 정진한 덕분에 포위권은 갈수록 줄어들었다. 그리고 1966년 5월 중국의 젊은 수학자 천징룬이(1+2)를 증명했다고 발표하기에 이른다.

(1+2)까지 증명되었으므로 (1+1)을 증명하는 데는 이제 한 걸음만 더 나아가면 될 것이다. 지금까지의 통계적 귀납추리가 인과적 귀납추리에 도달하기까지 이제 한 걸음 정도 남은 것이다. 그러나 이 한 걸음을 내딛는 데 얼마의 시간이 걸리며, 또 누구에 의해 달성되는가 하는 문제는 여전히 알지 못한다.

디프테리아균의 발견
논리적인 원인 설정법

디프테리아는 무서운 병이다. 그 발병 원인을 발견하고 이를 정복하기까지 이 병에 걸린 아이들은 대부분 목숨을 잃었다. 아이들의 목숨을 앗아 가는 이 병의 정체를 밝힌 사람은 13세기 독일의 의사 뢰플러다.

뢰플러는 많은 디프테리아 환자들과 접촉했는데, 환자들의 혀에 흰 막이 씌워진 것을 보고, 병균은 바로 여기에 있지 않을까 생각했다.

그래서 그는 환자와 이 병으로 죽은 사람의 혀에서 흰 막을 조금씩 긁어내 현미경으로 관찰해 보았다. 그 결과 그 속에서 푸른색을 띤 성냥개비 모양의 균을 발견했는데, 뢰플러는 이것이 바로 아이들의 목숨을 빼앗는 원흉이라고 생각했다.

너무도 기쁜 나머지 그 즉시 관찰 표본을 들고 스승에게 달려간 뢰플러는 이 새로운 발견에 대해 이야기했다. 그러나 표본을 현미경에 놓고 들여다본 스승은 이렇게 말했다.

"뢰플러, 너무 성급히 결론을 내려서는 안 되네. 이건 연구에서 첫 걸음에 불과해. 이 균이 디프테리아 병인이라는 걸 증명하려면 더욱 많은 사실들이 보충돼야 할 것이야. 그러니 이 균을 따로 배양해 동물에게 실험해 보면 어떨까 하네만."

뢰플러는 스승의 조언에 따라 세균을 배양한 다음 토끼에게 주사기로

균을 주입하고 면밀히 관찰했다.

하루가 지났다. 토끼는 여전히 깡충깡충 뛰면서 먹이를 찾아다녔다. 다시 반나절이 지났다. 식음을 전폐하고 관찰에 몰두하던 뢰플러는 자신의 발견이 틀렸다는 생각이 들어 그만 맥이 빠졌다. 그런데 이때 토끼가 갑자기 숨을 급하게 몰아쉬며 헐떡거리더니 그 자리에 쓰러져 숨을 거두는 것이 아닌가.

뢰플러는 즉시 토끼의 혀를 잘라 살펴봤는데, 역시 혀에 흰 막이 덮여 있었다. 흰 막의 점액을 긁어 현미경으로 관찰한 그는 자기도 모르게 탄성을 질렀다.

"그러면 그렇지!"

그는 푸른색 성냥개비 모양의 균을 확인한 것이다.

뢰플러는 이렇게 소아 사망의 원흉, '디프테리아균'을 발견하게 되었다.

뢰플러가 시행한 방법을 논리학에서는 일치법이라 부른다. 객관적 세계의 다양한 현상들은 서로 밀접히 연관된다. 다양한 연관 관계 중 하나가 바로 인과관계다. 따라서 어떤 대상을 제대로 파악하려면 그 원인을 밝혀내야 한다. 그런 의미에서 논리적인 원인 설정법은 현상에 대한 인식에 이르는 데 중요한 역할을 한다 하겠다.

논리적 원인 설정법에는 일치법, 차이법, 일치·차이병용법, 공변법, 잉여법이 있다.

일치법

일치법이란 연구하는 현상이 나타내는 몇 가지 사례 중 하나의 정황만 공통되고 나머지는 다르다면, 이 유일한 공통 정황을 연구 현상의 원인이라 인정하는 방법이다. 다시 말해 동일한 결과를 유발하는 선행 정황들 가운데 오직 공통적으로 작용하는 것을 찾아 그것을 연구하는 현상의 원인으로 삼는 것이다.

일치법은 공식으로 다음과 같이 나타낸다.

사례	선행 정황	연구하는 현상
(1)	A, B, C	a
(2)	A, D, E	a
(3)	A, F, G	a

따라서 A는 a의 원인이다.

예를 들어 무지개가 생기는 원인을 연구한다고 하자. 이때 연구자는 무지개는 비가 내린 뒤 해가 났을 때 생긴다는 것, 또한 맑은 날 폭포 옆이나 분수 주변에 생긴다는 것을 알게 된다. 다른 조건은 달라도 물방울과 햇빛이 공통된 조건이라는 사실로부터 '무지개의 생성 원인은 물방울 속을 빛이 통과하는 과정에 있다'는 결론을 내릴 수 있다.

뢰플러는 디프테리아에 걸린 아이들을 관찰하던 중 아이들마다 구체적 정황은 다르지만 아이들 혀에 덮인 흰 막 속에 성냥개비 모양의 균이 있다는 공통점을 찾았다. 여기에서 아이들을 사지로 내모는 것이 이 균일 것이라는 결론을 내리게 된 것이다.

일치법을 적용할 때는 다음의 두 가지를 주의해야 한다.

첫째, 여러 가지 정황에서 다른 공통된 정황이 더 없는지 조사해야 한다. 사물과 현상은 매우 복잡하므로 공통된 정황이라 할지라도, 어떤 것은 쉽게 인식할 수 있지만, 쉽게 인식할 수 없는 것도 존재한다. 그리고 대개 표면상 공통된 정황보다 잘 드러나지 않는 그것이 진정한 원인인 경우가 많다.

예를 들어 솜과 눈 모두 보온 기능을 갖는다. 그런데 그 보온 기능의 원인을, 두 대상의 공통 정황, 흰색이라는 데 귀결시킨다면 이는 잘못된 것이다. 왜냐하면 흰색은 태양광선을 반사하는 색이므로 보온의 원인이 될 수 없기 때문이다. 이처럼 표면적인 공통 정황은 배제돼야 한다. 보온의 진정한 원인은 숨겨진 다른 정황, 즉 솜 또는 눈을 이루는 수많은 구멍 속에 들어 있는 공기이기 때문이다.

둘째, 전제에서 비교되는 사례가 많을수록 결론의 확실성이 높아진다. 비교 사례가 적으면 진정한 원인이 아닌 공통 정황을 연구하는 현상의 원인으로 잘못 결론지을 위험이 크다.

한 예로 일식이나 월식이 나타나는 것을 전쟁이나 천재지변이 일어날 징조(원인)라 간주하는 것은 잘못이다. 이런 오류는 몇 안 되는 정황 속에 나타난 두 현상의 우연적 결합을 인과적 관계로 보는 데서 발생한다.

일치법은 개별 사실에서 일반론을 도출하는 것이므로, 그 결론은 확실성을 띠기보다는 개연성을 갖게 된다. 들떠 있는 뢰플러에게 스승이 성급하게 결론 내리지 말고 세균을 배양해 동물실험을 해 볼 것을 권한 것도 그 때문이다. 동물 실험을 해 보고서야 비로소 그는 확실한 결론을 얻게 되지 않았나.

우리는 또 동일한 현상이 발생하거나 발생되지 않은 두 사례의 차이점을 통해 문제의 원인을 판단할 때가 많다.

뢰플러가 디프테리아 원인균을 발견했어도 디프테리아를 정복할 방법을 찾아내진 못했기 때문에, 디프테리아는 이후에도 많은 아이들의 목숨을 앗아갔다.

그 후 독일의 세균학자 베링은 디프테리아를 정복할 방법을 찾고자 쥐 실험을 진행했다.

먼저 수십 마리의 실험쥐에게 디프테리아균을 주사하고, 이어서 여러 독약을 각각 주사했다. 이는 독성 균을 독약으로 정복할 수 있는지 실험하려는 것이었다. 실험 결과 대부분의 쥐가 독약이나 디프테리아균 때문에 죽었지만, 오직 요오드제를 주사한 두 마리 실험쥐만이 살아남았다.

베링은 이 두 마리 실험쥐에게 다시 다량의 디프테리아균을 주사했다. 그런데 이상하게도 이들 쥐는 죽기는커녕 아무런 반응 없이 뛰어놀 뿐이었다. 그는 이 두 마리 쥐의 혈액 속에 디프테리아균에 대항할 수 있는 항독소가 생겼으리라 추측했다.

그리하여 그는 실험을 거듭했다. 먼저 실험한 쥐의 피를 조금 뽑고 실험 전인 쥐의 피를 조금 뽑은 다음, 시험관에 넣어 분리된 미황색 혈청을 각각 뽑아내 그 속에 디프테리아균을 주입했다. 그다음 이 두 혼합액을 두 마리 실험쥐에게 각각 주사했다. 그러자 이미 실험한 쥐의 혈청을 주사한 쥐는 살아 있었지만, 실험하지 않은 쥐의 혈청을 주사한 쥐는 금방 죽고 말았다. 베링은 디프테리아균을 주사한 쥐의 혈청 속 항독소가 디프테리아를 이겨내게 했으며, 디프테리아균 주사 단계를 거치지 않은 쥐의 혈청 속에는 항독소가 없어 이 혈청을 주사한 쥐는 죽을 수밖에 없었다는 결론을 얻었다.

위 실험에서 베링이 사용한 방법이 차이법이다.

차이법

차이법이란 연구하는 현상이 발생할 때와 그렇지 않을 때를 비교해 각 선행 조건 중 모든 것이 같고 하나의 조건만 다를 때, 다른 하나의 조건이 연구하는 현상의 원인임을 인정하는 방법이다.

공식으로 나타내면 다음과 같다.

사례	선행 정황	연구하는 현상
(1)	A, B, C	a
(2)	- B, C	-

따라서 A는 a의 원인이다.

현대 생물학은 어둠 속에서 빛에 대한 눈의 감수성은 망막에 있는 색소 입자의 상태 여부에 영향을 받는다는 사실을 증명했다. 색소 입자가 부족한 망막을 가진 눈은 어둠 속에서 잘 보지 못하게 되는 것이다.

그렇다면 색소 입자 형성을 돕는 것은 무엇인가? 이에 대한 답을 찾고자 생물학자들은 다음과 같은 실험을 구상했다.

비타민A를 함유한 먹이를 며칠 동안 토끼에게 먹였더니 토끼의 눈은 정상적이었다. 그런데 며칠 후 비타민A를 제거한 먹이를 일정 기간 먹이니, 어둠 속에서 토끼 눈의 감수성이 저하되었다. 이로부터 생물학자들은 '색소 입자를 생성하는 원인은 비타민A'라는 결론을 내리게 되었다.

다른 예를 보자. 서로 다른 무게의 물체를 동일한 높이에서 떨어뜨렸을 때 무거운 물체가 먼저 떨어졌다. 한데 진공 상태에서는 두 물체의 낙하속도가 같았다. 이 사례에서 대기 중에서 무거운 물체가 먼저 떨어진 이유는 무엇일까? 두 사례에서 차이점은, 첫째 공기의 유무다. 이로부터 무게가 다른 두 물체의 낙하속도를 바꾸는 원인은 공기 저항임을 알게 되었다. 이것이 바로 물리학에서 차이법을 적용한 전형적인 실험인 자유낙하 실험이 되겠다. 차이법은 과학 실험에서 널리 적용된다.

허나 일치법보다 확실성이 큰 차이법은 잘못 적용하면 오류를 범하기 쉽다. 차이법을 적용할 때는 다음의 두 가지에 주의를 기울여야 한다.

첫째, 연구하는 현상이 나타나는 경우와 그렇지 않은 두 경우에서 한 가지 외에 또 다른 상이한 정황이 없는지 분명히 해야 한다. 차이법은 기타 정황이 반드시 동일할 것을 요구한다. 기타 정황 중 또 다른 차이점이 숨겨져 있거나 무시되었다면, 그 차이점이 연구하는 현상의 진정한 원인일 수도 있다. 따라서 이런 정황에 주의하지 않으면 그릇된 결론을 얻게 된다.

수학 시간만 되면 머리가 아프고 역사 시간에는 그렇지 않았다 해서, 두통의 원인을 어려운 수학이라고 단정하는 것은 차이법을 잘못 적용해 얻은 그릇된 결론일 수 있다. 왜냐하면 두통이 생기는 경우와 그렇지 않은 두 가지 사례에서 수학과 역사라는 하나의 차이점만 보고 수학 시간에는 도수가 안 맞는 안경을 쓰고 역사 시간에는 안경을 쓰지 않았다는 사실을 무시했다면, 두통의 진짜 원인을 누락시킨 것일 수 있기 때문이다.

둘째, 두 가지 사례에서 유일하게 다른 정황이 연구하는 현상의 원인의 전부인지 일부분인지를 잘 분석해야 한다. 그렇지 않으면 부분적인 원인을 유일한 원인으로 인식하게 된다.

식품은 태양에너지를 원료로 광합성을 진행한다. 태양에너지가 없으면 광합성 작용은 중단된다. 여기에서 드러난 차이점에 근거해 태양에너지 공급이 광합성의 유일한 동력이라는 결론에 이르면 그것은 잘못이다. 식물이 광합성을 하는 데는 몇 가지 조건이 더 필요한 까닭이다. 태양에너지와 공기 중의 탄소, 수분을 흡수해 식물은 탄수화물을 만든다. 따라서 태양에너지는 광합성을 유도하는 부분적인 원인일 뿐 유일무이한 원인은 아니다.

일치·차이병용법

연구하는 현상이 나타나는 몇 가지 사례에 하나의 공통된 정황이 존재하며, 현상이 나타나지 않는 몇 가지 사례에는 이런 정황이 없다면, 이 정황이 곧 현상의 원인임을 인정하는 방법이다.

공식으로는 다음과 같이 나타낸다.

사례	선행 정황	연구하는 현상	
(1)	A, B, C	a	
(2)	A, D, E	a	적극 사례
(3)	A, F, G	a	

(1′)	B, M, N	－
(2′)	D, O, P	－ 소극 사례
(3′)	F₁, Q, R	－

따라서 A는 a의 원인이다.

예를 들어 공기 중에서 물체의 자유낙하 속도 차이를 유발하는 원인이 무엇인지 연구한다고 하자. 이때 연구자는 우선 동일 질량의 두 물체를 동일한 높이에서 떨어뜨리면서 물체의 부피와 형태에 변화를 주었는데, 그때마다 물체의 낙하속도에 차이가 생긴다는 것을 증명했다. 이로부터 연구자는 차이법에 의거, 낙하속도에 차이가 생기는 원인은 물체의 부피와 질량, 형태라는 결론을 내린다.

그다음 연구자는 이 결론을 일치법을 통해 증명한다. 즉 동일한 높이에서 서로 다른 질량의 물체를 부피와 형태를 동일하게 만들어 낙하시켰을 때 낙하속도가 같다는 것을 알았다. 연구자는 낙하속도가 같은 원인은 두 물체의 부피와 형태가 같기 때문이라는 결론을 내린다. 이처럼 일치법과 차이법을 병용해 공기 중에서 자유낙하하는 물체의 속도는 물체의 질량이 아닌 형태와 부피에 의해 결정된다는 결론에 이른다.

일치·차이병용법을 적용할 때는 다음 두 가지에 주의한다.

첫째, 적극 사례와 소극 사례에서 가능한 한 많은 사례를 열거해야 결론의 확실성이 높아진다. 고찰 사례가 많으면 많을수록 우연적인 연관을 배제할 수 있다.

둘째, 적극 사례와 유사한 소극 사례를 선택해 비교해야 한다.

공변법

공변법(共變法)이란 연구하는 현상이 변화됨에 따라 다른 현상도 변화한다면, 이 변화하는 현상을 연구 대상의 원인으로 인정하는 방법이다.

공변법을 공식으로 나타내면 다음과 같다.

사례	선행 정황	연구하는 현상
(1)	A_1, B, C	a_1
(2)	A_2, B, C	a_2
(3)	A_3, B, C	a_3

따라서 A는 a의 원인이다.

혈액순환을 예로 들어 보자. 혈액순환은 17세기 초 영국인 의사 윌리엄 하비가 발견했다. 이 위대한 발견으로 생리학은 과학으로 자리매김할 수 있었다.

하비는 심장의 운동을 이해하기 위해 관찰과 실험을 거듭했다. 어류와 파충류를 해부해 심장에 구멍을 내 보았더니, 심장이 수축할 때는 피가 솟구쳐 나오고, 심장이 팽창할 때는 피가 덜 나오는 것을 알게 되었다. 그는 심장이 마치 펌프처럼 수축기에는 혈액을 밀어내 동맥으로 흘려 보내고, 팽창기에는 혈액을 끌어들인다는 결론을 얻었다.

이후 많은 관찰과 실험을 거쳐 하비는 혈액순환설을 세상에 내놓기에 이른다.

앞 실험에서 하비가 사용한 방법이 공변법이다. 그는 심장의 변화(수축과 팽창)를 관찰해 혈액 변화 양상을 살폈으며, 결과적으로 심장박동이 혈액순환의 원인임을 확인한 것이다.

다른 예를 보자. 철에 열을 가하면 다른 조건이 동일할 때 온도가 높아질수록 철의 부피는 늘어난다. 이로부터 철에 가해진 열이 부피가 커진 원인이라는 결론을 얻을 수 있다. 역시 공변법이 적용된 사례다.

공변법을 적용할 때는 다음 두 가지에 주의해야 한다.

첫째, 두 현상 간 공변에는 한계가 있으므로, 그 한계를 넘어서면 공변관계는 소멸된다. 농작물을 촘촘하게 심으면 적당한 한도 내에서는 증산이 가능하지만, 그 한도를 벗어나면 도리어 생산량이 줄게 된다.

둘째, 두 현상 간 공변관계가 있고 인과관계는 없지만, 다른 하나의 원인에 의한 공통된 결과는 나올 수 있다. 예를 들면 번개의 강약과 천둥소리의 대소는 일치하지만 인과관계는 없다. 모두 기층이 서로 충돌한 결과로, 충돌 시 발생한 방전량에 따라 변화되는 현상이다.

공변법은 과학 연구와 일상생활에 널리 이용된다. 온도계, 압력계, 수압계, 저울, 혈압계 등은 모두 공변법을 기초로 제작된 기구가 되겠다.

잉여법

잉여법이란 선행되는 복합적인 현상이 후행하는 복합적인 현상의 원인이며, 선행 현상 중 일부가 후행 현상 중 일부의 원인임을 알았을 때, 선행 현상 가운데 나머지 부분은 후행 현상 중 나머지의 원인임을 인정하는 방법이다.

공식으로 나타내면 다음과 같다.

- A, B, C, D는 a, b, c, d의 원인이다.
- A는 a의 원인이다.
- B는 b의 원인이다.

- C는 c의 원인이다.

- 따라서 D는 d의 원인이다.

50년 전 연구자들은 레이더로 지구 대기 전리층에 전파를 발사한 뒤, 그 반사파를 분석해 전파에 대한 전리층의 영향을 연구하기 시작했다. 그러다 얼마 후 연구자들은 반사파가 종종 강해지는 것을 발견했다.

몇몇 학자들은 반사파가 강해지는 것은 발사된 전파가 대기 중에서 전파를 반사하는 물체에 부딪쳤기 때문이라고 추측했다.

1932년, 사자자리의 유성우 기간 동안 학자들은 유성이 상공을 지날 때 아주 강한 전파가 발생되는 것을 발견했다. 이때부터 학계는 그 반사파의 원인을 유성으로 보게 되었다.

여기에 적용된 방법이 잉여법이다. 즉 접수된 전파 가운데 전리층이 반사한 전파를 제외한 나머지는 유성이 반사한 것이 되는 것이다.

해왕성의 발견은 잉여법에 따른 연구의 좋은 예다. 아직 해왕성의 존재를 모르던 시절, 천문학자들은 망원경으로 천왕성의 운행 궤도를 관찰하는 과정에서 계산상 천왕성이 있어야 할 궤도에 있지 않고 다른 궤도에 위치한 것을 보게 되었다. 천문학자들은 잉여법을 통해 천왕성 궤도 편차의 원인을 천왕성 밖에 다른 행성이 있다는 데서 찾았다. 이후 파리천문대의 수장 르베리에가 해왕성의 존재를 예측했고, 그의 권유로 베를린천문대의 갈레가 위치를 계산해 1846년 해왕성을 발견하기에 이른다.

위 두 가지 예에서 본 바와 같이 잉여법은 과학 연구에 널리 이용된다. 많은 경우 과학은 이미 원인이 밝혀진 것을 제외한 현상을 탐구하게 되므로 잉여법을 적용, 인과관계를 설정한 뒤 이를 해명하는 순서를 밟는 것이다.

잉여법을 적용할 때는 다음의 두 가지에 주의한다.

첫째, 후행 현상 중 일부(a, b, c)는 선행 현상 중 일부(A, B, C)가 일으키며, 나머지 부분(d)은 선행 현상 중 일부(A, B, C)가 유발할 수 없다는 것이 확인돼야 한다. 만약 나머지 부분 d 역시 A, B, C 중 하나가(혹은 공통적으로) 작용한 결과라면 D가 d를 유발한다고 결론지을 수 없다.

둘째, 나머지 부분의 원인 D는 단순한 정황이 아닌 복잡한 정황일 수도 있다. 따라서 이러한 경우에는 단순하게 하나로 결론내리지 말고 구체적으로 분석해야 한다.

논리적인 원인 설정법의 기본 유형은 이상 다섯 가지가 되겠다. 상기한 방법들은 일상생활은 물론 과학 연구에서 중요한 역할을 한다는 것도 이해했으리라 본다.

이런 방법들은 상호 결합돼 활용된다. 우리는 관찰과 실험, 비교, 분석 과정에서 다섯 가지 방법을 종합적으로 적용함으로써 객관적 세계의 인과관계 문제에 대한 결론을 도출하게 된다. 이러한 방법들은 임의로 만들어낸 것이 아닌, 객관적 세계의 인과관계들이 지닌 일정한 측면이 반영돼 하나의 사고 도식으로 인정받은 것이다. 때문에 우리는 외부 현상의 인과적 관련성을 찾는 데 이런 방법의 도움을 받을 수 있게 되었다.

톱은 어떻게 탄생했나?

유비추리

노반은 춘추시대 노나라의 이름난 목수였다. 한번은 그가 큰 궁궐을 맡아 짓게 돼 목재가 많이 필요했다. 그래서 일꾼들을 시켜 큰 목재들을 벌목해 오게 했는데, 도끼로 찍어 벌목을 하다 보니 하루에 몇 그루 자르는 게 고작이었다. 조급해진 노반은 일꾼을 도와 함께 벌목하려고 산속으로 들어갔다. 그런데 한참 가파른 산비탈을 기어 오르던 노반이 뭔가 섬뜩한 기분에 살펴보니 풀잎에 베인 손에서 피가 흐르고 있었다.

풀잎에 손을 벤 것을 이상히 여긴 그는 그 자리에 앉아 그 풀잎을 유심히 들여다보았다. 다른 풀잎과 다른 점은 없었지만 잎 가장자리의 날카롭고 고른 굴곡이 눈에 들어왔다. 굴곡진 부분에 살이 스치면 베이는 것이었다.

"이상한 일이로군!"

고개를 갸우뚱하며 노반은 그 풀잎을 몇 개 뜯어 곧장 집으로 달려왔다. '이 풀잎 모양대로 철판을 만들어 나무를 켜면 아름드리 나무도 순식간에 벨 수 있지 않을까' 하는 생각이 들었던 것이다.

그는 즉시 대장장이를 불러 철판 가장자리를 톱니 모양으로 잘라 날카롭고 고르게 날을 세우게 했다. 그리고 그 한쪽 끝에 자루를 만들어 끼우고 나무를 켜 보았더니, 과연 예상대로 나무가 쉽게 잘려 나갔다.

노반은 이렇게 톱을 만들어낸 것이다.

노반이 적용한 추리 형식이 유비추리가 되겠다.

유비추리란 두 대상의 일련의 속성이 동일하다는 사실에 근거해 대상의 기타 속성도 동일하리라는 결론을 끌어내는 방법이다.

유비추리를 공식으로 나타내면 다음과 같다.

- 대상 A는 속성 a, b, c, d를 가지고 있을 것이다.
- 대상 B는 속성 a, b, c를 가지고 있다.
- 따라서 대상 B도 속성 d를 가지고 있을 것이다.

객관적 사물의 속성은 고립된 형태로 존재하지 않으며, 상호 연관성을 지니고 서로를 제약하는 양상을 보인다. 따라서 대상 B가 대상 A와 같은

a, b, c 속성을 지녔다면, 대상 B 역시 d 속성을 지녔으리라는 결론을 내릴 수 있게 된다. 이것이 유비추리를 하게 되는 객관적인 근거다.

그러나 유비추리 근거는 불충분한 것이다. 왜냐하면 첫째, 두 대상이 동일한 속성을 지녔다 해서 모두 동일한 부류에 속하는 것은 아니며, 둘째, 동일한 부류에 속하는 대상도 각 속성이 동일하지 않고, 어떤 속성은 바로 두 대상의 차이점일 수도 있으며, 셋째로 사물의 속성 간에는 일정한 연관이 있지만 그것이 모두 필연적인 것은 아니기 때문이다.

따라서 유비추리로 얻은 결론은 개연성을 지닐 뿐 확실성을 보장하지 못한다.

유비추리로 결론의 확실성을 높이려면 다음에 유의해야 한다.

첫째, 유비되는 대상 간 동일한 속성이 많으면 많을수록 결론의 확실성은 커진다. 두 대상에 동일한 속성이 많을수록 두 대상이 유와 종 관계에서 더욱 가까워지며, 동일한 부류에 속하는 사물일 가능성을 높여 준다. 그러면 도출되는 속성도 두 대상에 공통적으로 존재하는 속성이 될 가능성이 크다. 예를 들어 새로운 약물이 임상에 사용되기 전에는 늘 동물 실험을 거쳐 이 약물에 대한 인체 반응을 연구한다. 이때 인간보다 하등한 동물에 실험하는 것보다, 유와 종 관계에서 인간에 보다 가까운 동물에 실험했을 때 유추한 결론의 확실성은 커진다.

둘째, 전제 중 확인되는 동일한 속성이 대상 특유의 속성이며, 동일한 속성과 유추한 속성 간 밀접한 관련이 있을수록 결론의 확실성도 커진다. 고등 포유동물은 복잡한 두뇌 활동을 할 수 있는데, 이는 대뇌의 발달 정도, 특히 대뇌 표면의 주름진 부위, 피질의 상태에 따른다.

원숭이가 그렇다. 원숭이 뇌는 아주 발달했는데, 그 절대 중량이 크고 신체 중량 대비 중량도 크며, 특히 복잡한 피질로 덮여 있다.

또 하나 인간이 주목하는 것은 바다에 사는 포유동물 돌고래다. 돌고래의 뇌는 원숭이 뇌와 비슷해 절대 중량과 상대 중량 모두 크며, 또 피질 주름도 많다. 따라서 사람들은 유비추리를 적용, 돌고래도 원숭이와 마찬가지로 지능을 가진 동물이라는 결론을 얻었다. 이 결론의 확실성은 매우 크다. 두뇌 활동은 대뇌 발달 정도와 관련되며, 특히 대뇌 피질과 연관되기 때문이다. 지금까지 연구한 바에 따르면 돌고래는 소리로 개체 간 신호를 전달한다. 그리고 해변에 접근해 아이들과 놀기도 하며, 조난자를 구해 주기도 한다.

유비추리를 적용할 때 다른 부류의 사물을 비교하거나 사물의 우연적이고 비본질적 속성을 견주면 잘못된 결론에 이를 수 있다. 이런 오류를 기계적 유비라고 하는데, 다음 이야기를 보자.

옛날 한 정승에게 애지중지 키운 외아들이 있었는데, 나이가 스물이 되도록 외지에 나가 보지 못해 견문이 좁기 이를 데 없었지만, 아비를 닮은 탓인지 세상에 자기가 모르는 것은 없다며 거들먹거렸다. 그래도 그 어머니는 사리판단을 할 줄 알아 정승과 상의 끝에 아들에게 외지에 나가 견문을 넓힐 기회를 갖게 하기로 했다.

집 떠나면 고생인 줄 알지만 부모의 분부인지라 하는 수 없이 아들은 괴나리 봇짐을 둘러메고 터벅터벅 고향을 뒤로 했다.

하룻밤을 주막에서 묵고 이튿날 아침 길을 떠나 어떤 마을을 지나가다 팔순은 넘어 보이는 노인이 나무를 심는 것을 보았다. 머지않아 저승으로 갈 영감이 나무를 심는 것이 신기했던 그는 노인 곁으로 다가가 물었다.

"영감님, 그 나무를 심어 뭘 하시렵니까?"

"젊은이는 모를 걸세. 몇 해 자라면 큰 것을 골라 대들보를 만들고 중간치는 베어 서까래로 쓰고 작은 것은 모아 문틀을 짤 수 있다네."

노인의 말을 듣고 보니 과연 심오한 진리가 담긴 것 같았다. 저렇게 팔순 넘은 박식한 영감만이 아는 세상의 이치인 듯싶었다. 그는 '세상에 이 이상 깊은 학문이 어디 있겠는가. 이젠 집으로 돌아가야지……' 하고 부랴부랴 걸음을 재촉해 이튿날 새벽, 집에 당도했다.

마당에 들어선 아들을 본 정승은 어안이 벙벙하여 우두커니 아들 얼굴만 쳐다보았다. 아들은 아비에게 인사도 하지 않고 싱글벙글 웃더니 마당에 가지런히 자란 작은 백양나무 두 그루를 보고 "백양나무가 참 잘 자라는걸, 앞으로 크게 자라면 베어 문틀을 만들어야지!" 하고 말했다.

이 말을 듣고 정승은 아들이 외지에 나갔다 오더니 과연 견문이 넓어졌다 여기며, 이만 하면 앞으로 사람 구실 제대로 하겠다며 기뻐했다. 아들이 쫄쫄 굶으며 밤낮 없이 걸어 왔다는 말을 들은 정승은 행랑할멈에게 빨리 새로 밥을 지어 주라고 호통을 쳤다.

행랑할멈을 따라 부엌에 들어간 아들은 빗자루질 하는 것을 가만 지켜보더니 기막힌 생각이라도 떠올랐다는 듯 말했다.

"빗자루가 참 훌륭한걸! 앞으로 자라면 마당비로 써야겠어!"

또 행랑할멈이 아궁이에 불을 때며 부지깽이 쓰는 것을 보고는 아들은 다시 "그 부지깽이도 괜찮은데. 앞으로 크면 서까래로 써야겠어!" 하고 큰소리로 말했다.

무엇을 하느라 여지껏 조반이 안 들어오느냐고 투덜거리며 부엌에 들어온 정승은 아들의 이 말을 듣고 기가 막힌 나머지 곁에 놓인 바가지를 냅다 걷어찼다. 그 바람에 배를 깔고 잠을 자던 고양이가 야옹 하면서 밖으로 달아났다.

아들은 약삭빠른 고양이를 향해 대견하다는 투로 중얼거렸다.

"고놈 고양이새끼 꽤 약삭빠른데. 앞으로 커서 호랑이가 되겠어!"

이야기에서 아들은 다른 부류의 사물을 비교하며 황당한 결론을 내리고 있다. 백양나무와 문틀, 부엌비와 마당비, 부지깽이와 서까래, 고양이와 호랑이는 표면상 비슷한 점이 있지만 이들은 속성이 완전히 다른 부류의 사물이다. 이런 두 대상을 두고 유추하는 것은 기계적 유비가 되며, 황당한 결론에 이를 수밖에 없다.

유비추리의 결론은 개연성을 지닌다. 그러나 우리가 사물을 올바로 인식하고 발명이나 창조하는 데 있어 유비추리가 중요한 역할을 하는 것만은 분명한 사실이다.

첫째, 과학적으로 중요한 이론과 중대한 발명들은 대부분 유비추리를 통해 착안된 것이다. 비행기를 만들겠다는 생각은 연을 띄우는 데서 영감을 얻은 결과다. 공기보다 무거운 연이 바람에 실려 하늘 높이 날아 오르는 것을 보고 비행기 날개를 만들었기 때문이다. 그 후 반복적인 실험을 거쳐 인류는 비행기 제작에 성공한다.

둘째, 유비추리는 문제를 생생하게 설명해 준다. 어떤 사실이나 원리를 설명할 때, 상대가 이미 아는 그와 비슷한 사실이나 원리를 예로 들면서 상대가 쉽게 이해할 수 있도록 한다.

예를 하나 들어 보겠다.

출판사에 투고한 한 문학소녀가 출판사로부터 출간이 어렵다는 회신을 받고, 다음과 같은 편지를 보냈다.

편집자께

되돌려 보내신 제 원고는 잘 받았습니다. 그런데 유감스럽게도 원고를 전혀 읽어 보지도 않으셨더군요. 제가 이 소설을 쓰느라 얼마나 많은 노력과 심혈을 기울였는지 모르실 겁니다.

저는 이전에도 단편소설 원고 몇 편을 선생님의 출판사에 보낸 적 있는데, 번번이 되돌려 받기만 했지요. 그때마다 너무 실망스럽고 속이 상했습니다. 하지만 저는 더욱 열심히 원고를 썼으며, 이번 원고는 채택되리라 확신했습니다. 솔직히 말해 그동안 저의 원고가 읽혀지기나 했는지 의심스럽기까지 합니다.

그래서 이번에 저는 선생님들이 저의 원고를 읽어 보시는지 아닌지 확인해 보고자 원고 몇 장을 풀로 붙여 놓았습니다. 그런데 아나나 다를까, 되돌아온 원고는 제가 붙여 놓은 상태 그대로더군요. 편집자 선생님, 당신들은 남의 소중한 원고를 항상 이런 식으로 처리하십니까? 정말이지 유감입니다.

담당 편집자는 이런 소녀의 편지에 다음과 같은 답장을 보냈다.

보내 주신 편지는 잘 받아 보았습니다. 당신의 편지에 대해 다음의 이야기로 답을 대신할까 합니다.

저는 오늘 아침 식사 때 삶은 달걀 하나를 먹게 되었습니다. 그런데 마침 그것은 상한 달걀이었습니다. 이 경우 제가 그 달걀을 다 먹고 난 뒤에야 상했다는 것을 알 수 있을까요?

노력은 성공의 어머니입니다. 실망하지 말고 계속 노력하시기 바랍니다.

편집자는 유비추리를 적용, '원고를 전부 읽지 않아도 좋고 나쁨을 판단할 수 있다'는 결론을 실감나게 설명했다.

유비추리는 사람들이 늘 사용하는 추리 방법의 하나다. 유비추리를 폭넓고 적절하게 적용할 수 있느냐 없느냐는 개인의 사고 능력에 달렸다. 능숙하게 사고할 줄 아는 사람은 한 가지 공식이나 정리를 기계적으로 암기하기보다는 서로 비교하고 유비하면서 더 많은 공식 또는 정리를 파악한다.

따라서 유비추리를 적용하는 것은 문제를 독립적으로 분석하고 해결하는 효과적인 방법이라 하겠다.

마의 삼각지대 수수께끼
가설

미국 플로리다반도 남쪽 끝에는 악명 높은 버뮤다 삼각 해역이 있는데, 사람들은 이곳을 '마의 삼각지대'라 불렀다. 왜냐하면 이곳에서 많은 여객선과 비행기가 조난당해 실종되었는데, 그 실종자수가 매년 수백 명에 이르기 때문이다.

1925년 4월 8일, 해역에는 바람 한 점 없었다. 그런데 밀을 가득 실은 일본 원양화물선이 이곳을 지나다 갑자기 자취를 감추었다.

1945년 12월 5일, 이 날도 맑았다. 그런데 미국 비행기 다섯 대가 이 해역 상공을 지나다 느닷없이 고장을 일으켰고, 모두 행방불명되었다.

1973년 3월의 어느 날, 역시 해수면은 잔잔했다. 그런데 승객 서른두 명을 태운 여객선이 이 해역을 지나다 갑자기 소용돌이에 휩쓸려 흔적도 없이 사라져 버렸다.

이런 일도 있었다. 한번은 화물선 한 척이 이 해역에서 조난당했는데, 선원은 한 사람도 발견되지 않았다. 그런데 얼마가 흘러 발견된 배에는 손상된 곳이라고는 하나도 없는 데다, 갑판 위에 개 한 마리만 외로이 앉아 있었다.

이 해역에서 유독 사고가 잦은 이유는 무엇일까? 과학자들은 '마의 삼각지대' 수수께끼를 풀기 위해 장기간 조사하고 연구했지만, 현재까지

도 이렇다 할 결론은 얻지 못했다.

경험이 많은 한 비행사는 이렇게 주장했다. 이 지구에는 강한 회오리바람과 거센 소용돌이가 있는데, 비행기가 이 회오리바람에 휩쓸리면 항로에서 벗어나 방향을 잃게 되고, 여객선이 소용돌이에 걸리면 바다 속에 침몰해 자취를 감추게 된다는 것이다.

한 과학자는 이렇게 주장했다. 우리가 사는 지구에 때로는 강한 레이저 광선대가 발생해 바닷물이 끓어 넘치고 무선통신이 교란을 일으키며 심지어 비행기나 여객선을 태워 버린다는 것이다.

또 어떤 과학자는 말한다. 이 해역의 물속에 많은 기체가 용해돼 있어 해수면 압력이 약해지면 마치 사이다 병 뚜껑을 열 때와 마찬가지로 물이 솟아오르기 때문에 여객선이 침몰한다고.

비행사와 과학자들 모두 자신의 의견을 제시했는데 이것은 모두 가설이다.

가설이란 무엇인가? 가설이란 이미 알고 있는 사실이나 밝혀진 과학적 지식에 근거해 연구하는 사물 혹은 현상에 대해 가정적(추측하여) 해석을 하는 것이다.

가설은 추측의 일종이지만, 과학 연구와 지식 발전에서 매우 중요한 역할을 한다. 가설은 과학적 인식의 중요한 형식이자 단계가 된다. 미지의 사물과 현상에 대한 인식은 언제나 가설 단계를 거치기 때문이다. 과학사에서 중요한 학설, 이를 테면 원자설, 태양중심설(지동설), 만유인력의 법칙 등은 모두 가설에서 출발했다. 따라서 가설은 진리를 탐구하는 주요 수단이라 하겠다.

가설은 자체의 발전 과정, 즉 가설 제기 단계, 가설에서 어떤 결론을 도출하는 단계, 결론을 검증하는 단계를 거친다.

가설 제기

가설은 어떤 사태나 현상에 대한 추측이기는 하지만 아무 근거 없이 허무맹랑하게 설정해서는 안 된다. 가설은 반드시 과학적 지식과 사실 자료에 기초해야 한다. 또 가설을 제기할 때는 틀에 얽매이지 말고 대담해질 필요가 있다. 충분한 사실 근거만 있다면 현존하는 이론을 부정하는 새로운 가설도 제기될 수 있는 것이다. 코페르니쿠스는 이런 사례의 모범을 보여 주었다.

태양이 지구를 중심으로 도는가, 지구가 태양을 중심으로 도는가? 16세기에 이르기까지 이 문제는 논쟁의 여지 없는 '확고한' 학설을 가졌는데, 태양이 지구를 중심으로 돈다는 지구중심설(천동설)이었다.

그런데 1543년 폴란드의 과학자 코페르니쿠스는 자신의 과학적 연구에 근거, 지구가 태양을 중심으로 돈다는 가설을 제기했다. 이것이 태양중심설(지동설)이다. 이 학설이 제기되자 온 세상이 들썩였다. 당시 과학계에서는 이 가설을 승인하지 않았으며, 통치 계급은 교리에 어긋난다며 그를 불순분자로 몰았다. 때문에 태양중심설은 삼백 년이 흐르도록 가설로 남아 있다가 이후에야 학설로 공인되었다.

가설을 제기할 때는 단순 열거에 의한 귀납추리와 유비추리를 적용하는 일이 많은데, 특히 유비추리를 많이 활용한다. 즉 유비추리를 진행해 얻은 결론을 가설로 삼는 것이다.

가설을 통한 결론 도출

제기한 가설은 반드시 검증돼야 한다. 가설을 검증하는 첫 번째 방법은 가설을 전제로 추리를 진행하는 것이다. 새로운 결론을 도출하는 과정에는 연역추리를 사용한다. 즉 만약 가설이 옳다면(A), 어떤 결과가 나타날 것이다(B). 예상한 결과가 나타나면 그 가설에는 힘이 실린다. 예상한 결과가 나타나지 않으면 그 가설은 거짓으로 판명된다.

가설을 증명하는 추리 형식은 다음과 같다.

- 만약 A라면 B가 된다.
- B다. (혹은 B가 아니다.)
- 따라서 A는 참일 것이다. (혹은 A는 거짓일 것이다.)

예를 들어 '모든 물질은 일정한 거리를 두고 갈라져 있는 분자로 구성돼 있다'는 가설이 정확하다면(A), 용기에 넣은 액체에 큰 압력을 가할 때 액체의 분자가 용기의 벽을 통과해 스며 나갈 것이다(B), 실험한 바에 의하면 그것(B)이 실증되었다. 즉 강철로 만든 용기에 기름을 넣고 2만

기압의 압력을 가하니 기름이 강철 벽을 통과해 스며 나왔다. 이것은 강철 분자들 사이에 기름 분자가 통과할 수 있는 공간이 있음을 설명하는 것이다. 이리하여 가설은 확실성을 획득한다.

가설 검증

실험을 거쳐 검증되고 실제와 부합되는 가설은 과학 이론이 된다. 그런데 이런 이론은 단번에 완성되지 않는다. 가설 검증은 개별적인 단기간의 실천으로 이루어지지 않으며, 인류의 장기적인 실천을 통해 완성된다. 검증을 거쳐 기본적으로 정확하다고 실증된 가설이더라도 결함이 있거나 정확하지 않은 부분이 남아 있으면 계속해 수정이나 보충할 것을 요구받는다.

코페르니쿠스의 '태양중심설'은 삼백 년이란 긴 세월을 거친 뒤에야 옳다고 인정되었다. 그의 가설에 따르면 우주의 중심은 지구가 아닌 태양이며, 지구와 기타 행성들은 원형 궤도를 따라 태양을 중심으로 도는 동시에 자전한다.

이런 태양중심설은 비교적 정확하게 태양계를 설명했다. 그러나 그의 가설 일부는 정확하지 않았다. 태양이 우주의 중심이며 행성이 태양 주위를 도는 궤도가 원형이라는 것은 훗날 부정되었다. 태양계 말고도 기타 성계들이 있으므로, 태양은 태양계의 중심이지 우주의 중심은 아니다. 그리고 행성의 운행 궤도는 원형이 아닌 타원형으로 밝혀졌다.

과학 발전의 역사는 낡은 가설을 뒤엎고 새로운 가설을 도출하는 과정이기도 하다. 새로운 가설은 낡은 가설을 완전히 부정하는 것이 아니며, 그중 옳은 것을 보전하고 계승한다.

가설은 비교적 복잡한 방법이다. 가설을 제기하는 단계에서는 귀납추

리나 유비추리를, 가설로부터 결론을 도출하는 단계에서는 연역추리를
사용한다. 그러나 종합적으로 볼 때, 가설은 개별적인 것에서 출발해 일
반론을 얻는 방법이므로 귀납적 방법과 밀접히 결합돼 사용된다.

제5장
형식논리학의 기본 법칙

앞에서 우리는 개념, 판단, 추리 형식들에 대해 알아보았다. 그런데 개념이나 판단, 추리를 막론하고 어떤 사고 형식에서든 공통적으로 지켜야 할 기본적인 법칙이 있는데, 바로 동일률, 모순율, 배중률, 충족이유율이 그것이다. 이러한 법칙들은 논리적 사고의 일반 특징을 개괄적으로 표현하며, 모든 논리 형식들에 보편적으로 적용되기 때문에 형식논리학의 기본 법칙이라고 한다.

형식논리학의 기본 법칙은 객관적 사물의 가장 보편적 특성이 인간 의식에 반영돼 성립된 것이다. 따라서 우리의 사고가 객관 사물을 사실대로 반영하려면 반드시 형식논리학의 기본 법칙을 따라야 한다.

그릇 값은 그 크기만큼인 법

동일률

옛날 한 고을에 욕심이 많아 콩알도 갈라 먹는다는 구두쇠 양반이 살았다. 공짜라면 양잿물도 양이 많은 걸 고르고, 감기조차 남들한테 떼일까 조심하는 위인인 데다, 성미까지 고약해 장사꾼도 그 집 앞을 지나가기 꺼렸다.

하루는 솜씨 좋기로 소문난 한 목수 총각이 장 보러 읍내로 나가다 이 양반네 집 앞을 지나게 되었다. 대문 앞에 쪼그리고 앉아 오가는 사람들을 지켜보던 양반은 이 목수 총각을 보자 불러 세우며 부탁했다.

"이보게 목수 총각! 마침 기다리던 참이네. 다음번 산에서 내려올 때 나막신을 한 켤레 만들어다 주게. 나는 키가 작아도 발은 큰 편이니 좀 여유 있게 만들게. 값은 후하게 쳐 주겠네……."

읍내에 갔다 돌아온 총각은 이내 산에 올라 고운 참나무를 골라 나막신 한 켤레를 곱게 파 동백기름으로 윤기 나게 해 두었다가 며칠 후 양반에게 갖다주었다.

나막신을 받아 신은 양반은 만든 솜씨가 이만저만이 아니어서 값이 꽤 나갈 것 같아 궁리 끝에 물었다.

"그래, 값은 얼마나 받겠나?"

"거저 해 드렸으면 좋겠으나, 이 일로 먹고사는 처지니 알아서 품값이

나 주시지요."

"음, 서로 모르는 처지도 아니고 하니 이렇게 하세. 예로부터 나무 그 릇 값은 물건 크기만큼 주는 법이니 신에 담길 만큼 좁쌀을 주겠네."

총각은 괘씸한 생각이 들었지만 권세 있는 양반이라 별반 대꾸도 못 하고 나막신에 담아 주는 좁쌀을 받아 맥없이 집으로 돌아왔다.

그 후 며칠이 흘렀다. 총각이 또 읍내로 장 보러 가는 길에 양반네 앞 을 지나는데, 구두쇠 양반이 그를 또 불러 세웠다.

"이봐 목수 총각, 잘 있었나? 소 구유가 있어야겠는데 다음번 장 보러 올 때 큼직하게 하나 만들어 오게. 내가 언제 공짜로 일을 시키던가? 꼭 부탁하네……."

"그렇게 합죠. 그런데 얼마나 크게 만들까요?"

"두 말 하면 잔소리지. 크면 클수록 좋지."

총각은 그 길로 곧장 산으로 올라갔다. 이번엔 고약한 양반을 골려 주 려고 마음먹은 총각은 두 아름 굵기에 길이가 삼십 자나 되는 나무를 베어다 구유를 만들고, 며칠 후 달구지에 싣고 양반을 찾아갔다. 구유를 본 양반은 흐뭇해서 말했다.

"구유가 좀 짧기는 하네만 쓸 만하네. 값은 얼마나 받겠나?"

"예, 서로 모르는 처지도 아니고 한데 어찌 많이 받겠다고 하겠습니까! 그저 저 구유에 좁쌀이나 가득 채워 주시지요."

"예끼, 무식한 녀석! 산에 흔해 빠진 나무로 대강 만든 구유가 어째서 그렇게 비싸단 말이냐?"

목수 총각은 양반을 뚫어지게 쳐다보며 말했다.

"아니, 값은 어른께서 일전에 정한 것 아니옵니까? 예로부터 나무그릇 값은 물건 크기만큼 주는 것이라고요!"

제 딴에는 잔꾀를 써서 총각의 품값을 등쳐먹으려 한 것인데, 제가 정한 품값이라 하는 수 없이 양반은 커다란 구유에 좁쌀을 채워 줄 수밖에 없었다.

구두쇠 양반은 어째서 목수 총각의 논리를 받아들일 수밖에 없었나? 그것은 바로 동일률을 어길 수 없었기 때문이다.

동일률이란 동일한 사고 과정에서 반드시 '그것은 무엇이다'라고 사고를 확정적으로 규정해야 하며(확정성), 내용에서는 동일성을 지녀야 한다는 법칙이다. 다시 말해 동일한 사고 과정에서 개념이나 판단은 반드시 동일성을 유지해야 하고 멋대로 다른 것으로 바꾸면 안 된다.

위 이야기에서 나막신 값을 치를 때와 소 구유 값을 치를 때, 사건이 벌어진 시점은 달라도 값을 정하는 양반의 사유 과정은 동일하다. 따라서 '나무 그릇 값은 물건 크기만큼이다'라는 판단은 반드시 동일성을 유지해야 한다. 총각은 바로 이 점을 포착해 동일률을 위반한 양반을 꼼짝 못하게 만들었다.

동일률을 공식으로 나타내면 'A는 A다'가 된다.

공식에서 'A'는 어떤 개념이나 판단을 의미한다. 'A는 A다'는 동일한 사고 과정에서 'A'가 그 자체의 동일성을 유지해야 함을 의미한다. 이를 위반하면 논의는 혼란에 빠지고 만다. 다음의 예가 그 증거가 되겠다.

고대 그리스의 궤변론자들은 다음과 같은 수법으로 상대를 혼란에 빠뜨리곤 했다.

- 무릇 당신이 상실하지 않은 것은 당신에게 있는 것이다.
- 당신은 **뿔**을 상실하지 않았다.

- 따라서 당신에게는 **뿔**이 있다.

이것은 두 말 할 것 없이 황당한 주장이다. 이 주장의 논리적 오류는 어디에 있는가? 그것은 궤변론자들이 '상실'이라는 개념에 다른 의미를 부여한 데 있다. 대전제에서 '상실하지 않은 것'은 우리가 본래 소유하고 있고 또 잃지 않은 것을 말한 것이며, 소전제의 '상실하지 않은 것'은 우리에게 본래 없었고 또 있을 수도 없는 것을 가리킨다.

동일한 사고 과정에서 그 개념을 슬그머니 바꿔 놓음으로써 '본래 소유하고 있지 않은 것'을 '상실하지 않았다'는 이유로 '본래 소유하고 있는 것'이라는 황당한 결론을 끌어냈다. 고의로 동일률을 위반하는 궤변론자들의 수법이다.

러시아의 작가 체호프는 단편소설 「카멜레온」에서 주인공 오추멜로프의 비열한 본성을 생생하게 묘사했는데, 내용 일부를 보도록 하겠다.

개가 흐류킨의 손가락을 물었고, 경찰서장 오추멜로프가 이 사건을 담당하게 되었다.

서장은 엄중하게 말했다.

"이게 누구의 개야? 난 이 개를 그냥 두지는 않을 것이야! 개들을 방치하면 어떻게 되는지 너희에게 보여 주겠다! 법을 준수하길 원치 않는 자들에게 주의를 기울여야 할 때다! 그런 놈에게 벌금을 부과하게 되면, 그놈이 개와 다른 떠돌이 개새끼가 어떻게 다른지 나한테서 알게 될 거다! 내가 그놈을 가만두지 않겠다!"

서장은 형사 옐디린을 돌아보며 말한다.

"이게 누구 개인지 알아내서, 조서를 꾸미게! 그리고 개를 없애 버려야 해! 당장! 아마 미친개일 거야…."

"아마 지갈로프 장군님의 개인 것 같습니다!"라고 군중 속에서 누군가가 말한다.

서장은 흐류킨에게 돌아서며 묻는다.

"어떻게 이 개가 자넬 물 수 있었겠나? 이 개가 정말 손가락에 닿을 수 있겠나? 이 개는 작은데, 자넨 아주 키가 큰 사람이야! 자네가 못으로 손가락을 마구 긁어서 상처를 내고, 나중에 개가 물어서 그런 거라고 하려는 생각이 자네 머리에 떠올랐던 게 분명해. 자넨 정말… 그런 짓에는 정평이 난 사람이니까! 난 자네들, 악당들을 알고 있어!"

이 말이 끝나자 형사가 그 개는 장군의 것이 아니라고 말했다. 그러자 서장은 다시 언성을 높였다.

"나도 알아. 장군님의 개들은 귀하고, 기품이 있어. 그런데 이 개는 형편없어! 털도 없고, 낯짝도 못생겼어…. 이따위 개를 기를 사람이 어디 있나? 흐류킨, 네가 피해를 입었으니, 이 일을 그냥 놔두지 말게… 따끔

한 맛을 보여줘야 해. 알겠지?"

잠시 후 또 누군가가 그건 장군의 개가 맞다고 했다. 그러자 서장은 또다시 형사에게 말했다.

"자네가 이 개를 장군 댁으로 끌고 가서 거기서 물어보게. 내가 찾아서 보냈다고 말씀드리게…. 그리고 이 개를 거리에 내놓지 말라고 하게… 혹시 이 개가 귀한 개일지도 몰라. 그런데 너 이 바보야, 손 내려! 바보 같은 손가락을 내보일 필요가 없잖아! 네가 잘못했잖아!"

이때 장군 댁 요리사가 왔다. 그가 이 개는 장군의 개가 아니라고 하자 서장은 금방 뒤이어 말했다.

"이건 주인 없는 개야! 여기서 더 이야기할 필요가 없다… 내가 주인 없는 개라고 말했다면, 주인 없는 개인 거야… 죽여, 그러면 끝이야."

장군 댁 요리사는 이 개는 장군의 동생네 개라고 했다. 그러자 서장은 만면에 상냥한 웃음을 띠면서 말했다.

"아니, 정말로 그분의 동생이 오셨나? 그렇다면 이게 그분의 개인가? 정말 기쁘군… 이 개를 데려가게… 아주 재빠른 개야… 이 사람의 손가락을 물어뜯어 버리다니 말이야! 하-하-하…. 아니, 뭣 때문에 떠는 거냐? 으르르르… 으르르… 화를 내는군, 악당이… 이 귀여운게…."

서장은 흐류킨을 보고 "너 나중에 두고 보자!"하고 위협한 다음 제 갈 길을 갔다.

『체호프 유머 단편집』(이영범 옮김, 지식을만드는지식, 2011)에서 발췌

소설 속에서 경찰서장 오추멜로프는 동일한 사건을 판단함에 있어 동일성을 유지하지 않고 마음대로 판단을 바꾸었다. 동일률을 위반한 전형적인 예가 되겠다.

동일률을 어기면 삼단논법 추리 과정에서는 **사개명사의 오류, 즉 매개념 모호의 오류**를 범하게 되며, 논증 과정에서는 **논점 변경의 오류**를 범하게 된다.

동일률은 어떤 사물이나 현상이 영원불변함을 전제로 하는 것이 아니라 상대적으로 고정되어 있음을 반영[25]하기 때문에 동일률의 '동일'은 절대적인 동일이 아닌 상대적인 동일이 된다. 따라서 동일률은 객관 세계의 부단한 운동과 변화 및 발전을 부인하지 않는다. 동일률은 다만 어떤 대상을 논의할 때 동일한 시간, 동일한 조건하에서는 반드시 기타 다른 대상과 구분해야 하며, 동일한 사고 과정에서 동일 개념에 동일한 내용을 부여해야 한다고 강제할 뿐이다. 그러므로 동일률은 변증법과 모순되지도 않거니와 서로 배제하지도 않는다.

그러나 형이상학자[26]들은 동일률의 동일을 절대적인 동일로 간주해 어떤 시간, 어떤 공간에서나 할 것 없이 대상의 절대적인 동일로 여기는데, 이는 동일률에 대한 형이상학자들의 왜곡이 되겠다.

과거에는 '인구수는 국력의 상징이다'라는 말이 진리로 받아들여졌다. 생산력이 낮고 사람의 육체노동이 생산력의 절대적인 부분을 차지하던 농경사회에서는 타당한 말이었다. 그러나 인구가 포화 상태에 가깝게 늘고, 생산 수단의 발전으로 로봇이나 컴퓨터가 인간 노동력을 대체하는 오늘날 과학기술시대에는 오히려 인구 증가를 억제하기 위해 가족계획이나 산아제한을 시행하기도 한다. 따라서 이 명제가 반드시 옳은 것은 아니

---

25) 반영(reflection): 인간이 어떤 사실을 인식해 가는 과정의 특징을 나타내는 용어로서, 언어 형태로 객관적 사태를 표현하는 것을 말합니다.

26) 형이상학자(metaphysicist): 사물을 변화하지 않는 고정적인 것으로 보는 경향의 사람을 이릅니다. 반대로 모든 사물은 끊임없이 변화한다고 보는 사람들을 변증론자라고 합니다.

며, 여전히 이러한 주장을 하는 것은 잘못이다. 어떤 조건에서든 인구가 국력에 일조한다고 보는 것은 농경사회와 과학기술시대의 상황을 구별하지 못한, 양자를 혼동한 결과라 하겠다.

이로부터 특정 대상은 다른 시간, 다른 관계하에서 다른 성격을 띠며, 따라서 그 대상 자체도 동일할 수 없다는 것을 알게 된다. 인구수가 어떤 조건하에서 긍정적인 작용을 했다 해서, 인구가 많으면 조건과 관계없이 무조건 사회 발전에 도움이 된다고 여긴다면, 이는 구체적인 조건을 떠나 추상적으로 대상을 인식하는 것으로, 역시 동일률의 요구를 거스른 것이다.

동일률은 사고할 때 특정 대상을 정확하게 규정하도록 보장해 주는 역할을 한다. 이를 확정성이라 하는데, 사고에 확정성이 보장돼야 객관 세계를 정확하게 반영하고 생각을 분명하게 교환할 수 있다. 또한 동일률은 궤변을 알아보고 강력히 논박할 무기임은 물론이다.

창과 방패
모순율

옛날에 창과 방패를 파는 사람이 있었다. 어느 장날 그는 장군들 틈에 비집고 들어와 창과 방패를 들고 목청 높여 외쳤다.

"자, 여러분 이 방패를 보십시오! 이 방패보다 단단한 건 세상 어디에도 없습니다. 아무리 날카로운 창으로 찔러도 끄떡없지요!"

이번에는 다시 창을 들어 보이며 소리쳤다.

"자, 이번에는 이 창을 보십시오. 이 창만큼 날카로운 건 이 세상 어디에도 없습니다. 이 창에 찔리기만 하면 제 아무리 단단한 방패라도 뚫리고 말지요!"

이 말을 듣고 있던 한 젊은이가 빙긋이 웃으며 큰소리로 물었다.

"여보시오, 당신 말대로라면 당신의 창은 그 어떤 방패도 뚫고 나가며, 당신의 방패는 그 어떤 창도 뚫지 못한다는 거지요? 그렇다면 당신의 창으로 당신의 방패를 찌르면 어떻게 되는 거요?"

그러자 주위에 모여 있던 구경꾼들이 와 하고 폭소를 터뜨렸다.

말문이 막힌 장사꾼은 창과 방패를 챙겨 들고 슬그머니 그 자리를 빠져나왔다.

사나이가 말문이 막힌 이유는 바로 모순율을 위반하고 자체 모순에 빠졌기 때문이다.

모순율이란 어떤 대상에 대해 동일한 시간과 관계 속에서 두 가지 모순되는 판단을 내릴 수 없다고 확정하는 법칙이다. 동일한 의미에서 대상을 긍정하고 또 부정하게 되면 동시에 참이 될 수 없으며, 적어도 그중 하나는 반드시 거짓이라는 것이다.

이 법칙을 공식으로 나타내면 'A는 비A가 아니다'가 된다.

이 공식에서 'A'는 하나의 개념이나 하나의 판단을 표시하며 '비A'는 'A'에 대한 부정을 나타낸다. 'A는 비A가 아니다'라는 것은 'A'라는 개념은 '비A'라는 개념이 아니라는 뜻이다.

모순율은 어떠한 사고나 판단에서든 서로 모순되는 두 가지 판단을 동시에 단정하는 것을 허락하지 않는다.

옛이야기를 하나 더 읽어 보자.

옛날 한 고을에 사람 됨됨이가 어찌나 고약했던지 마흔이 넘도록 시집 오려는 여자가 없어 홀로 지내는 외톨이 사내가 있었다. 곱건 밉건 간에 시집 오려는 여자만 있으면 장가를 들려고 이 궁리 저 궁리를 했지만 누구 하나 응하는 이가 없었다.

하지만 오만한 그는 만나는 사람에게 늘 입버릇처럼 "여자의 말은 들을 게 못 되네!" 하고 말하는 것이었다.

못된 이 외톨이 사내를 한번 혼내 주려 작심한 마을의 젊은이가 어느 날 그를 찾아가 물었다.

"저, 한 가지 물어볼 게 있어 왔는데……, 여자의 말을 들어야 하오, 듣지 말아야 하오?"

사내는 어처구니없는 질문이라는 듯 정색하며 대답했다.

"이 사람아, 여자란 원래 사람 축에 못 드는 존재야! 그런 즉 여자의 말은 절대 들을 게 못 되네!"

"잘 알았수다……. 한데 물어보려 했던 것은 다름 아니라 앞마을 과부 한 사람이 당신한테 청혼해 달라 부탁을 해 와서……."

젊은이는 이 말을 남기고 문 밖으로 향했다.

외톨이 사내는 순식간에 얼굴이 화끈 달아올랐다. 마흔이 넘도록 청혼을 받은 것은 이번이 처음이었다. 그는 맨발바람으로 문 밖으로 달려나가 젊은이를 잡아 세우며 말했다.

"여보, 젊은이……. 그런데…… 여자의 말도 때로는 들어야 하네!"

외톨이 사내의 주장은 모순되는 판단이다. 사내는 늘 '여자의 말은 절대 들을 게 못 된다'고 하다가 장가를 가기 위해 '여자의 말도 때로는 들어야 한다'고 했는데, 이는 모순율을 위반한 것이다.

이런 이야기도 있다.

옛날 한 봇짐장수가 저녁에 주막에서 암탉 한 마리를 삶아 먹었다. 이튿날 아침 봇짐장수는 주막 주인에게 "돌아올 때 숙박료와 암탉 값을 함께 치르겠소." 하고 주막을 나섰다.

그 후 석 달이 지난 어느 날, 봇짐장수가 주막을 다시 찾았다. 봇짐장수를 보기 무섭게 석 달 전 숙박료와 암탉 값을 계산하기 시작한 주인은 반나절이나 수판을 튀기고는 "숙박료를 제외하고 이백 냥이올시다!"라고 말했다.

"뭐라고요? 그래 삶은 암탉 한 마리 값이 이백 냥이란 말이오?"

봇짐장수는 눈이 휘둥그레졌다.

그러자 주막 주인은 이렇게 말했다.

"당신은 석 달 전에 암탉 한 마리를 먹었소이다. 그 암탉이 지금까지 살아 있었다면 적어도 달걀 칠십 개는 낳았을 테고, 그 달걀을 부화시켰으면 칠팔십 마리 병아리가 되었을 거외다. 그래도 안면을 보아 숙박료를 받지 않으니 망정이지 안 그랬으면 이백 냥으로도 모자르다는 걸 알아야 할 거요!"

봇짐장수와 주인은 옥신각신하다 결국 관아에 상소를 올리게 되었다.

자초지종을 다 듣고 난 원님이 판결을 내렸다.

"주막 주인 말에 일리가 있네. 그 암탉이 살아만 있었다면 달걀 칠팔십 개쯤이야 능히 낳았을 걸세. 달걀이 부화했으면 물론 병아리가 되었고 말고. 그러니 주인이 달라는 대로 주게!"

봇짐장수는 원님의 엉터리 판결에 울화가 치밀었지만 하는 수 없이 "그렇다면 나리, 제가 내일 점심 무렵 돈을 가지고 이리로 오겠습니다. 하지만, 그동안 나리 판결이 지당한가를 다시 생각해 보시기 바랍니다." 하고 돌아갔다.

이튿날 점심 때가 되어 원님과 주막 주인은 봇짐장수가 돈을 가지고 오기를 기다리고 있었다.

그런데 봇짐장수는 저녁 때가 돼서야 나타났다.

"언약을 어기고 어찌 이렇게 늦었는고?"

원님은 호령하듯 물었다.

"죄송하옵니다, 나리. 오늘 같은 날씨에 보리를 심으려고 보리종자를 삶다 보니 그만 해 가는 줄도 모르고 이렇게 늦고 말았습니다."

원님은 이 말에 노발대발하며 꾸짖었다.

"보리종자를 삶다니, 이런 미련한 놈을 보았나! 삶은 보리종자에서 어떻게 싹이 난단 말이냐!"

그러자 봇짐장수는 때를 놓칠세라 되받았다.

"나리, 지당한 말씀이외다. 삶은 암탉이 어찌 달걀을 낳을 수 있겠습니까요? 나리 판결대로라면 삶은 보리종자에서 싹이 나지 못할 이유가 없지요. 나리의 지당한 말씀을 듣고 저는 이만 돌아갑니다!"

봇짐장수는 뒤도 안 돌아보고 관아를 나섰다. 원님은 봇짐장수 뒷모습만 바라볼 뿐 아무 말도 하지 못했다.

원님은 자기모순에 빠졌던 것이다. 그는 삶은 암탉이 달걀을 낳을 수 있다고 긍정하는 한편, 삶은 보리종자에서 싹이 날 수 있다는 것을 부정했으니, 모순율 위반이 되겠다.

모순율은 사고에 논리적 모순이 존재하는 것을 허용하지 않는다. 그렇다 해서 모순율이 객관적으로 존재하는 현실적 모순을 부정하는 것은 아니다. 논리적 모순과 현실적 모순은 근본적으로 다르다. 모순율은 다만 서로 모순되는 두 가지 판단이 존재하는 것을 허용하지 않는 것이며, 모순되는 두 판단이 있을 때, 두 가지가 동시에 진리가 될 수 없음을 지적할 뿐이다.

모순율을 활용할 때는 다음과 같은 경우에 유의해야 한다.

첫째, 다른 시점에 동일한 대상에 대한 두 가지 다른 판단이 논리적으로 모순인가 아닌가 하는 것은 구체적으로 분석해 보아야 한다. 우리가 누군가에게 '그는 생각이 좀 불합리하다'고 했는데, 그 후 다시 '그는 생각이 매우 합리적이다'라고 말했다 하자. 그것은 그 사람이 이후 많은 독서를 통해 생각을 변화시켰기에 평가가 바뀐 것이다. 이 두 판단에 시간 차가 존재한다면 이는 모두 옳고 모순이 아니다.

둘째, 동일한 대상에 대해 다른 측면에서 내린 다른 판단은 논리적으로 모순되지 않는다. '영자는 아름답다'와 '영자는 얄밉다'는 두 판단은 '영자'라는 동일한 대상의 다른 측면을 보고 내린 판단이다. 전자는 외모가, 후자는 내면이 판단 대상이었다. 따라서 두 판단은 서로 모순되지 않을 뿐 아니라, 영자라는 사람을 제대로 이해하는 데 중요한 단서도 제공한다.

모순율은 동일률과 직접적인 연관을 갖는다. 'A는 비A가 아니다'는 'A는 A다'를 부정형으로 나타낸 것이다. 다시 말해 모순율은 동일률이 긍정의 형태로 표현한 내용을 부정의 형태로 나타낸 것일 따름이다.

동일률의 의의는 사고의 확정성을 보장하는 데 있고, 모순율은 부정적인 면을 통해 동일률의 의의를 한층 더 깊게 만든다. 모순율은 동일률이 표현한 내용을 보다 발전적으로 전개한 것이기 때문이다. 동일률은 모든 긍정 판단의 논리적 기초가 되며, 따라서 모순율은 모든 부정 판단의 논리적 토대가 된다.

현명한 대신

배중률

옛날 한 임금이 있었는데, 그의 신하 중에는 권세욕 가득한 간악한 대
신과 매사에 공정하고 현명한 대신이 있었다.

현명한 대신을 눈엣가시처럼 미워하던 간악한 대신이 어느 날 현명한
대신이 임금을 해치려 한다고 임금에게 거짓으로 고했다. 포악한 임금은
그 말을 곧이 듣고 즉시 방법을 강구해 그를 처단하라고 명했다.

"방법이야 있사옵니다. 단지 속에 '생(生)'과 '사(死)' 자를 적은 쪽지
두 개를 넣고 내일 아침 폐하 앞에서 제비를 뽑게 한 다음, '생'자를 뽑으
면 살려 주고 '사' 자를 뽑으면 죽이기로 하심이 어떠하온지요?"

그러자 임금은 무릎을 치며 말했다.

"거참 묘한 방법이군, 그런데 꼭 '사' 자를 뽑게 해야 하지 않느냐?"

간악한 대신은 얼굴에 간사한 웃음을 띠며 임금을 안심시켰다.

"염려 마십시오, 폐하!"

"음, 그러면 경만 믿고 있겠노라!"

간악한 대신은 임금이 수락하자 하인을 시켜 쪽지 두 개에 모두 '사'
자를 써 단지 속에 넣게 했다. 간악한 대신의 흉계를 알아차린 하인은 이
일을 즉시 현명한 대신에게 알렸다.

뜬눈으로 밤을 보내다 마침내 묘한 수를 생각해낸 현명한 대신은 이

튿날 아침 임금의 호명을 받고 궁궐로 들어섰다. 벌써 간악한 대신은 물론 모든 대소신료들이 임금 양쪽에 자리하고 있었다.

이윽고 임금이 호령했다.

"듣자 하니 그대가 나를 해할 역모를 꾸미고 있다고. 짐이 명하노니 저 단지 속에 든 제비를 뽑되 '생'을 뽑으면 한 번은 용서할 것이요, '사'를 뽑으면 즉시 극형에 처하겠노라!"

그러자 현명한 대신은 주위를 한번 둘러보고는 단지에 손을 넣어 쪽지 하나를 뽑은 뒤 펴 보지도 않고 곧바로 입에 넣고 삼켜 버렸다.

눈이 휘둥그레진 임금은 "왜 쪽지를 펴 보이지 않고 삼켰는가?" 하고 노발대발했다.

현명한 대신은 태연스레 대답했다.

"단지에 남은 쪽지를 뽑아 보시면 소인이 삼킨 것이 '생' 자인지 '사' 자인지 알 수 있지 않사옵니까?"

"으흠, 그야 그렇군!"

임금은 단지를 가져오게 하여 남은 쪽지를 꺼내 펴 보았다.

붉으락푸르락하던 임금의 얼굴이 순식간에 새파랗게 질렸다. 뽑은 쪽지가 '사' 자이니 대신이 삼킨 쪽지는 틀림없이 '생' 자일 것이기 때문이었다.

현명한 대신은 배중률을 통해 간악한 대신의 흉계에 대응할 수 있었다. **배중률**이란 사고 과정에서 동일한 대상은 동일한 시간과 동일한 관계 안에서 어떤 성격을 띠거나 띠지 않는 경우가 있을 뿐, 결코 제3의 성격을 띨 수 없다고 확정하는 법칙이다. 다시 말해 상호 모순되는 두 판단 가운데 오직 하나만 옳고 다른 하나는 틀리며, 제3의 판단은 있을 수 없다는 것이다.

위 이야기에서 임금의 명령대로라면 쪽지 둘 중 하나에는 '생' 자가, 다른 하나에는 '사' 자가 쓰여 있을 것이므로 양자는 상호 모순되는 판단을 이룬다. 따라서 임금은 남은 쪽지에 '사' 자가 쓰여 있으니 삼켜 버린 쪽지에 '생' 자가 적혀 있다고 봐야 하며, 제3의 경우는 없음을 인정해야 한다. 몰래 두 쪽지에 모두 '사' 자를 써 넣고 현명한 대신을 제거하려던 간악한 대신의 흉계는 이렇게 실패로 돌아갔다.

배중률을 공식으로 나타내면, '혹은 A거나 혹은 비A다'가 된다.

공식에서 'A'는 하나의 개념이나 하나의 판단이며 '비A'는 'A'에 대한 부정을 의미한다. '혹은 A거나 혹은 비A다'라는 것은 'A'라는 긍정 판단과 '비A'라는 부정 판단이 모두 거짓일 수 없으며, 그중 하나는 반드시 참이 됨을 말한다.

배중률은 우리에게 동일한 대상에 대해 동일한 시점과 동일한 관계하에 내린 긍정 판단과 부정 판단 중 어느 하나가 정확할 뿐, 제3의 판단이 허용돼서는 안 된다고 알려 준다.

배중률에 따르면 대상이 이런 성격을 가지고 있다는 게 옳다면, 대상이 이런 성격을 가지고 있지 않다는 것은 잘못이다. 반대로 대상이 이런 성격을 가지고 있지 않은 게 옳다면, 대상이 이런 성격을 가지고 있다는 것은 잘못이다. 제3의 판단은 있을 수 없다.

다음의 우화를 보자.

날짐승의 왕, 봉황의 생일에 온갖 새들이 모여 생일을 축하했는데 유독 박쥐만 오지 않았다. 그 후 박쥐를 만난 봉황이 나무랐다.

"다른 새들은 다 왔는데, 자네는 왜 오지 않았는고?"

그러자 박쥐는 "제가 어디 날짐승입니까? 다리가 있어 걷기도 하는 길짐승인데 꼭 가서 축하해야 한다는 법이 있습니까?"라고 킥킥대며 비웃었다.

며칠 후 기린의 생일이 되었다. 덕망 높은 기린의 생일을 축하하기 위해 온 산의 길짐승들이 다 모였는데, 또 유독 박쥐만 보이지 않았다. 그로부터 며칠 뒤 기린은 우연히 박쥐를 만났다.

"다른 길짐승들은 다 왔는데 어째서 당신은 오지 않았소?"

그러자 박쥐는 "내가 어디 길짐승인가요? 날개가 있어 날기도 하는 날짐승인데, 꼭 가서 축하해야 할 의무는 없지 않나요?"라고 하는 것이었다.

얼마 후 봉황과 기린이 만났는데, 둘은 이런저런 이야기를 주고받다 서로 박쥐와 있었던 일을 얘기하고는 이구동성으로 "박쥐는 세상에서 제일 교활한 놈이구나!" 하고 혀를 내둘렀다.

박쥐는 봉황에게는 자기가 날짐승이 아닌 길짐승이라 하고, 기린에게
는 길짐승이 아닌 날짐승이라 말했다. 이 말은 곧 '나는 날짐승인 동시에
길짐승이며, 나는 날짐승이 아니거니와 또 길짐승도 아니다'가 된다. 이
는 모순율을 위반한 사고임과 동시에 배중률도 위반하고 있다. 왜냐하면
박쥐라는 동물은 날짐승 아니면 길짐승 둘 중 하나이기 때문이다. 그런데
박쥐가 날짐승이면서 길짐승이라고 한 것은 모순율 위반이다. 그리고 날
짐승도 아니고 길짐승도 아니라고 한 것은 배중률 위반이 되겠다.

배중률의 요구를 위반한 오류는 대개 어떤 문제에 대해 확정적인 답변
을 하지 않는 것으로 표현된다. 양다리 걸치기 좋아하는 기회주의자들이
범하는 논리적 오류다. 논쟁의 주제를 피하고 제기된 문제를 고의적으로
은폐하며, 문제에 확실한 대답을 하지 않는 것은 기회주의자와 궤변론자
들이 사용하는 상투적인 수법이다.

배중률은 모순율과 밀접한 관련을 갖는다. 배중률과 모순율의 공통점
은 양자의 기본 역할이 사고 속의 모순을 제거하는 것이라는 점이다. 그
러나 양자는 서로 구별된다. 즉 둘은 상이한 두 가지 사고 속 모순을 책임
지고 처리한다. 모순율은 대조적 혹은 대비적 모순('논리적 정방형'에서 반
대관계)을 처리하고 배중률은 대립적 혹은 적대적 모순('논리적 정방형'에
서 모순관계)을 처리한다.

'이 학생은 키가 크다'와 '이 학생은 키가 작다'는 두 가지 모순되는 판
단은 대조성 혹은 대비성을 갖는다. 즉 '크다'와 '작다'는 서로 대비 또는
대조되는 것이다. 그러나 이것은 제3자 또는 중간자를 무시할 수 없다. 왜
냐하면 그 학생의 키는 크지도 작지도 않은 중간 키일 수 있기 때문이다.
두 가지 모순되는 성격의 합이 대상의 모든 속성을 포괄할 수 없어 제3의
판단이 존재할 수 있게 된다. 이런 대조적·대비적 모순은 모순율이 처리

한다.

또 '그 학생은 키가 크다'와 '그 학생은 키가 크지 않다'라는 두 가지 모순되는 판단은 대립성 혹은 적대성을 갖는다. '크다'와 '크지 않다'는 서로 대립적이며 적대적일 뿐 아니라 제3의 가능성이 존재할 여지가 없다. 키가 크면서도 크지 않을 수는 없기 때문이다. 이때 두 모순되는 성격의 합은 대상의 속성 전부를 포괄하므로 제3의 안은 있을 수 없다. 이런 대립적·적대적 모순은 배중률이 담당한다.

배중률에 근거해 우리는 모순되는 두 대립적·적대적 판단 중 하나의 정확한 판단으로 다른 하나의 판단이 거짓임을 단언할 수 있으며, 또 하나의 거짓 판단으로 다른 하나의 판단이 옳다는 결론에 이를 수 있다.

그러나 모순율은 다르다. 모순율에 근거해 우리는 하나의 정확한 판단으로 다른 하나의 판단이 거짓임을 단언할 수 있을 뿐, 하나의 거짓 판단으로 다른 하나의 판단이 정확한지 여부는 확신할 수 없는 까닭이다.

배중률은 사물의 현상에 대해 판단하는 과정에서 혼동, 혼란 및 무원칙성을 반대하며, 어떤 사실을 인식할 때 이도 저도 아닌 타협주의, 어물쩍 넘어가는 절충주의[27], 이것도 옳고 저것도 옳은 기회주의를 배제하는 역할을 한다. 배중률은 우리로 하여금 사고할 때 어느 것이 옳고 어느 것이 그른지 명확히 구분하게 하며, 두루뭉술한 것을 배격하고, 원칙을 준수하며, 제대로 시비를 가릴 것을 요구한다.

따라서 배중률은 진리를 탐구하는 논리적 기초가 된다 하겠다.

---

27) 절충주의(eclecticism): 이미 알려진 이론 체계 중 단편적이고 개별적인 내용이나 주장을 아무 논리적 맥락 없이 표절해 자신의 학설인 양 행동하는 것을 말합니다.

사자왕의 억지
충족이유율

사자왕은 곰과 원숭이, 토끼를 시종으로 거느리고 있었다. 그런데 함께 지내 보니 곰은 미련하기 짝이 없고, 원숭이는 너무 교활하고, 토끼는 눈치만 살살 살피며 일하기 싫어하는 걸 알게 되었다. 그래서 사자왕은 구실을 만들어 그들을 몽땅 잡아먹기로 했다.

사자왕은 세 시종을 불러 말했다.

"오늘 내가 너희들의 마음이 변치 않았는지 시험해 보겠으니, 내 물음에 이실직고 하여라!"

그러고는 먼저 곰 앞에 다가가 커다란 아가리를 쫙 벌리고 "내 입에서 무슨 냄새가 나느냐?" 하고 물었다.

"예, 대왕님, 비린내가 어찌나 고약한지 맡기조차 어렵나이다."

그러자 사자왕은 기다렸다는 듯 소리쳤다.

"예끼, 이 미련한 놈, 왕의 체면에 먹칠을 했으니, 넌 죽어 마땅하다!"

사자왕은 그 자리에서 곰을 잡아먹었다. 그러고는 또 아가리를 쫙 벌리고 원숭이에게 똑같이 물었다.

"예, 대왕님, 냄새가 정말 향기롭나이다. 향수인들 어찌 이 냄새에 비할 수 있겠사옵니까!"

"예끼, 이 교활한 놈, 왕을 속이려드니 네놈도 죽어 마땅하다."

사자왕은 원숭이도 요절냈다. 끝으로 토끼에게 물었다.

그러자 토끼는 머리를 조아리며 기어 들어가는 목소리로 말했다.

"대왕님, 참말 죄송합니다. 소인은 요새 감기에 걸려 냄새를 전혀 맡지 못합니다요. 병이 낫거든 다시 와서 시험을 치르겠습니다."

"뭐라고?"

사자왕은 하는 수 없이 토끼의 요구를 받아들였다. 토끼는 그 길로 깊은 산속으로 줄행랑쳤다.

곰과 원숭이를 잡아먹은 사자왕의 이유는 억지로 꾸며낸 것으로, 충족이유율의 논리적 요구에 배치된다. 그런데 충족한 이유를 댄 토끼에게는 충족이유율을 위반할 수 없어 놓아 줄 수밖에 없었다.

충족이유율이란 논증 과정에서 어떤 판단이 진리로 확정되려면 이를 충족시킬 만한 이유가 있어야 한다는 법칙이다.

공식은 'A가 진리인 까닭은 B가 진리이기 때문이다'가 된다.

이 공식에서 'A'는 하나의 개념 혹은 판단이며, 'B'는 'A'라는 개념 혹은 판단의 진리성을 확정함에 있어 충족한 이유가 되는 판단이다.

충족이유율은 사고할 때 반드시 충족되는 근거를 지닐 것을 요한다. 충족한 이유에 의거해야 정확한 판단을 내릴 수 있으며, 정확한 판단을 이유로 삼아야만 정확하게 논증할 수 있다는 것이다.

옛날 한 고을에 표독한 여인이 살았는데, 그녀는 병에 걸린 남편이 싫어져 독약을 먹여 죽여 버렸다. 그러고는 집에 불을 지르고 통곡하면서 남편이 불에 타 죽었다고 넋두리를 했다.

여인의 살인 행위를 짐작한 남편 친구들이 이 일을 관아에 고했다.

사건의 자초지종을 듣고 난 사또는 돼지 두 마리를 데려오라 하고는 그중 한 마리를 죽였다. 그러고는 죽은 돼지와 산 돼지를 장작더미 속에 넣고 불을 붙였다. 불이 다 꺼진 다음 살펴 보니 죽인 뒤에 태운 돼지의 입이나 코 안에는 재가 없었으나, 산 채로 태운 돼지 코와 입 안에는 재가 있는 것을 알게 되었다.

뒤이어 사또는 사건 현장에 가서 죽은 남편의 시체를 검사했는데, 시체의 코와 입 안에 재가 들어 있지 않은 사실을 알게 되었다.

사또는 사람들 앞에서 말했다.

"이 시체는 불에 타 죽은 것이 아니오. 불에 타 죽은 사람은 연기 속에서 숨이 막혀 바삐 호흡하기 때문에 코와 입 안에 재가 들어가게 되오. 그런데 이 시체의 코와 입 안이 깨끗한 것은 무엇을 의미하겠소?"

사또의 명철한 판단에 꼬리가 잡힌 여인은 남편을 죽인 죄를 인정하지 않을 수 없었다.

이야기에서 사또의 판단, 즉 '이 시체는 불에 타 죽은 것이 아니다'라는 판단이 정확한 것은 근거가 충족되기 때문이다. 따라서 사또의 주장은 충족이유율에 부합된다.

충족이유율에 위반되는 논리적 오류는 주로 판단과 판단 사이에 필연적 연관이 없고, 근거가 충족되지 못해 발생한다. 다음 관념론자들의 말을 보자.

"우리가 알고 있는 어떤 사물은 원래부터 존재하는 게 아니라 인간이 존재한다고 생각하기 때문에 존재할 뿐이다. 따라서 우리 인간이 생각하지 않으면 그 사물은 존재하지 않게 된다."

관념론자들의 이 근거는 적절치 못한 '잘못된 이유'가 된다.

다음 이야기를 보자.

옛날 서울의 한 정승에게 얼뜨기 아들이 있었는데, 나이가 들면서 계집종을 사모하게 되었다. 하루는 얼뜨기 아들이 새벽에 일어나기 무섭게 계집종을 불러 물었다.

"지난밤 꿈에 나를 봤지?"

그러자 계집종이 "난 꿈에 본 일이 없어요." 하고 대답하니, 얼뜨기는 낯을 붉히며 따지고 들었다.

"난 꿈에 분명히 너를 봤는데, 너는 왜 나를 보지 않았다고 거짓말을 하는 게냐?"

계속해 다그쳐도 계집종이 끝까지 본 적이 없다고 우기자 얼뜨기는 제 아비에게 가서 이를 고해 바쳤다.

"저 계집에게 곤장을 쳐 주세요. 지난밤 꿈에 난 저 계집을 봤는데 저 계집은 꿈에서 나를 보지 않았다고 우깁니다. 이런 억지가 어디 있습니까?"

얼뜨기의 아비 역시 어리석기는 마찬가지라 이렇게 호령했다.

"암, 그렇고 말고! 서로 만났는데 어찌 한쪽에서만 볼 수 있단 말인가! 저 계집에게 곤장을 매우 쳐라!"

이야기에서 '난 꿈에서 계집종을 봤다'는 얼뜨기 아들이 내세운 근거와 '계집종은 꿈에서 나를 봤다'는 판단 사이에는 필연적 연관이 없다. 따라서 이는 충족이유율을 위반한 사고가 된다.

근거가 충족되지 않으면 충족이유율을 위반하게 된다. '그의 성적은 꼭 좋아질 것이다. 왜냐하면 그의 선생님이 잘 가르치기 때문이다'라는 주장의 근거는 충족되지 못했다. 학생의 성적이 오르려면 학생 자신의 노력과 선생님의 지도, 두 조건이 구비돼야 한다. 그중 학생 자신의 노력은 내적 요인으로 더욱 중요한 조건이 된다. 따라서 이 주장은 충족이유율에 부합되지 않는다.

충족이유율은 객관적 세계의 인과적 연관성을 반영한다. 인과적 연관이란 두 사물의 현상 간 관계에서, 한 사물의 현상은 다른 사물 현상의 원인이 되고, 다른 사물의 현상은 이 사물 현상의 결과가 되는 관계를 말한다. 객관 세계의 모든 사물과 현상은 고정적이며 고립돼 있지 않고, 보편적인 연관을 지니며 상호 의존적이다. 객관 세계의 사물 및 현상의 이런 연관 중 가장 본질적이고 필연적인 연관은 인과적 연관이다. 충족이유율은 바로 이를 반영하는 것이다.

따라서 우리는 어떤 현상을 연구하든 먼저 그 인과적 연관부터 찾아내야 한다. 사고할 때도 마찬가지다. 우리가 사고 대상에 대해 정확한 판단을 내리거나 낡은 판단을 통해 새로운 판단에 이를 때는 반드시 인과적 연관을 기초로 충족한 이유를 찾아내 주장의 근거로 삼아야 한다.

그런데 논리적 이유는 현실의 이유와 다르므로 양자를 혼동하면 안 된다. '오늘 날씨가 매우 춥다'는 것을 긍정했다면 우리는 온도계 수은주가 내려간 것을 그 근거로 삼을 수 있다. 왜냐하면 온도계 수은주가 내려간 것은 '오늘 날씨가 매우 춥다'는 주장이 옳다는 것을 증명할 충분한 이유가 될 수 있기 때문이다.

그러나 이것은 어디까지나 논리적 이유이지 현실적 이유는 아니다. 온도계 수은주가 내려간 것은 온도가 내려간 것을 증명할 뿐 그것이 온도 하강의 현실적인 원인은 아니기 때문이다. 날씨가 추운 것은 차가운 공기가 이동해서이다. 하지만 논리적 이유가 충족이유가 될 수 있는 것은 그것이 현실적 이유의 기초 위에 세워진 것으로, 현실적 이유의 올바른 반영이기 때문이다. 온도계 수은주를 현실 온도에 대한 우리 주장의 근거로 삼을 수 있는 것은, 온도계 수은주가 실제 세계의 온도를 정확히 반영하기 때문이다. 만약 우리가 내세운 이유에 현실적인 근거가 없다면 그것은 충족한 이유가 아닌 거짓된 이유가 되고 만다.

충족이유율은 정확한 논증의 논리적 기초로서 주로 논증하는 방법이다. 논증은 복잡한 사고 과정으로 거기에는 개념, 판단, 추리 등이 모두 이용된다. 따라서 충족이유율을 위반한 논증은 필시 판단 및 추리를 정확히 운용하는 데 영향을 주게 된다. 이런 의미에서 충족이유율은 각종 논리 형식 모두와 일정한 연관을 갖는다 하겠다.

우리는 형식논리학의 네 가지 기본 법칙을 예를 통해 익혔다. 이 법칙들은 특수한 형태의 사고에만 적용되거나 따로 적용되지 않으며, 어떤 형태의 사고에서든, 어떤 논의 과정에서든 함께 적용된다는 것을 기억하자.

사고는 반드시 확정적이며 규정적이어야 하는데, 이것은 동일률의 요구다. 이는 어떤 논의 과정에서든 준수돼야 한다. 논의 과정에서 일관성·명확성이 반드시 확보돼야 하는데, 이는 모순율과 배중률의 요구다. 사고에 확정성, 일관성, 명확성이 부족하면 필연적으로 논증력이 약해져 충족이유율을 위반하게 된다.

이렇듯 동일률, 모순율, 배중률, 충족이유율은 구별되면서 서로 연관돼 있다. 따라서 우리는 사고할 때와 논의 과정에서 늘 이 법칙들을 종합적으로 적용하게 되는 것이다.

'이등변삼각형의 두 밑각은 같다'는 명제가 있다. 만약 이 명제를 긍정했다면 반드시 이등변삼각형 두 밑각은 같다는 것을 확정적으로 인정해야 한다(동일률). 동일한 의미에서 두 밑각은 같지 않다고 해서는 안 된다(모순율). 만약 이 명제를 긍정하지 않았다면 두 밑각은 같거나 같지 않다거나 하는 둘 중 하나를 선택해야지, 이것도 저것도 아닌 두루뭉술한 명제를 택해서는 안 된다(배중률). 여전히 위 명제를 견지한다면 반드시 충족한 이유나 필요한 사실적 근거를 통해 명제의 정확성을 논증해야 한다(충족이유율).

제6장
논증과 논박

우리는 일상생활에서나 과학 연구 과정에서 많은 판단을 내리고,
또 그것을 논증함으로써 그것이 진리임을 밝히게 된다. 물론 과학
이론 중 일부 기초 명제와 같은 자명한 사실은 그 타당성을 논증할
필요가 없지만, 나머지 절대 다수의 명제들은 반드시 그 진리 여부
를 논증을 통해 밝혀야 한다.

링컨의 변론
논증과 그 구조

링컨은 대통령이 되기 전 변호사로 일한 전력이 있다.

한번은 그가 친구 아들인 암스트롱의 변론을 맡게 되었다. 예심을 거쳐 법원에서는 암스트롱이 남의 재산을 탐낸 끝에 살인을 저질렀다는 판결을 내렸다.

링컨은 피고 변호인 신분으로 사건과 관련된 모든 자료를 검토한 다음, 법원에 정식으로 재심을 청구했다.

사건의 증인은 풀슨이라는 사람이었는데, 그의 증언에 따르면 사건의 진상은 이러했다.

어느 달 밝은 밤 열한 시에 야외에서 암스트롱이 피해자를 쏴 죽이는 것을 직접 두 눈으로 보았다는 것이다.

미국 법원 관례에 따라 피고 변호인 링컨은 원고측 증인 풀슨을 재판정에서 심문했다.

풀슨 "물론이지요, 틀림없는 암스트롱이었어요!"

링컨 "그때 당신은 풀더미 뒤에 있었고 암스트롱은 큰 소나무 밑에 있었다는데, 그 거리가 삼십 미터나 됩니다. 그런데도 당신은 암스트롱을 똑똑히 알아보았단 말이지요?"

풀슨 "그렇다마다요, 똑똑히 알아보았지요. 그날은 마침 밝은 달이 떠 있었으니까요!"

링컨 "옷차림새만 보고 잘못 판단한 것이 아닐까요?"

풀슨 "천만에요. 절대 그렇지 않아요. 난 그의 얼굴을 똑똑히 보았어요. 달빛이 그의 얼굴을 환히 비추었는데 내가 잘못 볼 리가 없지요!"

링컨 "그때가 틀림없이 밤 열한 시라는 것을 당신은 맹세할 수 있습니까?"

풀슨 "백 번이고 천 번이고 맹세하지요. 왜냐하면 내가 집에 들어와 보니 열한 시 십 분이었으니까요!"

여기까지 묻고 난 링컨은 돌아서서 배심원에게 "배심원 여러분, 저는 이 증인이 순전히 사기꾼이라고 확신합니다."라고 서두를 뗀 뒤 변론을 시작했다.

"증인은 암스트롱의 얼굴을 똑똑히 보았다고 했는데, 그날은 음력 8

일 혹은 9일이어서 밤 열한 시면 벌써 달이 진 후가 되므로 달빛은 절대 피고의 얼굴을 비출 수 없습니다! 그럼에도 불구하고 달빛이 환히 비추어 피고의 얼굴을 똑똑히 보았다는 증언은 터무니없는 날조며, 그것도 삼십 미터나 떨어진 곳에서 알아보았다고 했는데, 그야말로 황당한 거짓말입니다. 풀슨의 이런 증언을 판결의 증거로 삼는 것은 우스운 일입니다!"

링컨의 변론은 방청객의 갈채를 받았다. 우레 같은 박수 소리와 떠나갈 듯한 환호성 속에서 풀슨은 기가 죽어 고개를 들지 못했다. 분명한 사실 앞에서 풀슨은 원고에게 매수돼 거짓 증언을 했다는 사실을 실토했고, 암스트롱은 그 자리에서 무죄 석방되었다.

그리고 링컨은 전국적으로 유명한 변호사가 되었다.

링컨은 증인이 사기꾼이라는 것을 충분한 이유를 들어 논증했다.

논증이란 진리임이 확증된 명제에 근거해 어떤 명제가 진리라는 것을 증명하는 사유 과정이다.

기하학에서 '삼각형 내각의 합은 180도다'라는 명제의 진리성을 논증하려면 먼저 '평행선의 예각은 같다', '평행선의 동위각은 같다'와 같은 그 진리 여부가 확증된 명제에 근거해 증명하게 된다.

우리는 일상생활에서 의사를 교환하고 논쟁과 토론을 진행하며 자신의 의사를 상대에게 전달할 뿐 아니라 자신의 의사를 상대에게 확신시키고자 그것을 논증한다.

어떤 명제의 진리성을 확증한다는 것은 바로 그 명제가 객관적 실재와 합치된다는 것을 밝히는 것이다. 그러나 그 합치를 확증하는 방식은 다를 수 있다. 생생한 직관을 통해 그 명제가 진리임을 확증하기도 하며, 그 진리성이 확증된 명제에 근거해, 연구하는 명제가 진리임을 논리적으로 도출하는 방식으로 확증할 때도 있다.

'한국 경제는 선진국 대열에 진입하고 있다'는 명제의 진리성을 확증하려면 한국의 경제 사정을 직접 조사해 보면 된다. 그러나 지나간 역사적 사건이나 앞으로 닥칠 일에 대한 주장의 진리성은 직접 관찰이나 조사로는 증명이 불가능하다. 또 현실 속에 숨어 있는 사물이 발전하는 합법칙성을 반영한 명제의 진리성 역시 경험으로 확증할 수 없다. 이러한 명제들은 모두 과학적 논증을 요구한다.

과학은 극소수의 공리, 규정, 직관을 통해 획득된 사실에 대한 명제를 제외하고는 모든 명제의 논증을 요구한다. 사회과학이건 자연과학이건 할 것 없이 과학은 모두 논증된 명제의 진리성만을 인정한다. 자연과학에서는 수많은 가설을 세우고 그에 의거해 많은 현상을 설명한다. 그러나 이는 아직 논증되지 못한 지식이므로 과학자들은 이를 논증하기 위해 지속적인 노력을 기울인다. 인류가 지금까지 축적한 모든 지식은 논증을 거친 지식이다. 논증은 인간 사고의 필수 과정이다.

우리가 어떤 주장을 할 때는 반드시 '무엇을', '무엇을 근거로', '어떻게 확증하는가' 하는 문제가 제기된다. 그래서 논증은 논제, 논거, 논증 방식이라는 세 부분으로 구성된다.

논제

논제는 논증을 통해 그 진리성을 밝혀야 하는 명제를 말한다. 논제는 주로 논의되는 제목 또는 논문 제목을 통해 그 기본 내용을 표시한다.

과학에서는 자명해 보이는 명제일지라도 이를 논증 없이 그대로 두지 않는다. '평행선은 아무리 연장해도 서로 만나지 않는다'는 명제는 자명해 보이지만 기하학에서는 논증을 거쳐 진리로 삼는다.

논제는 추리의 결론에 해당되며, 논거는 추리의 전제에 해당한다. 그러나 추리에서 결론은 제기된 전제에서 출발해 마지막에 획득되고 사전에 확정할 수 없지만, 논증 속 논제는 반드시 먼저 제기돼야 하며 동시에 타당하고 명확하게 제기돼야 한다.

논거

논제의 진리성을 확증하기 위해 제시되는 명제를 말한다.

논증은 일정한 근거를 통해 어떤 명제의 진리성 여부를 확증하는 것이다. 이때 어떤 명제의 진리성을 필연적으로 끌어내는 일정한 근거를 총칭해 논거라고 한다. 논거는 논증의 재료가 되며, 논제의 진리성은 그로부터 필연적으로 획득된다. 따라서 논거는 논증의 기초이며, 논증의 진행 동인이라 하겠다.

그러면 어떤 명제가 논거가 되는가?

첫째, 실천을 통해 밝혀진 자료는 유력한 논거가 된다. 실천은 옳고 그름을 가리는 기준이다. 따라서 논제의 진리성을 확증하는 실천 자료를 제시하기만 하면 논제의 진리성은 확실히 논증된다.

둘째, 이미 공인돼 증명할 필요가 없는 공리, 또는 이미 그 진리성이 과학적으로 증명된 원리나 법칙 등이 논거로 이용된다. 이를 통해 논제는 확증될 수 있으며 논증은 충분한 근거를 갖게 된다.

논증 방식

논거의 지지와 도움으로 논제의 진리성을 확증하는 과정과 방법을 말한다.

논증 방식은 논거가 되는 판단과 결론이 되는 판단의 논리적 연결이며, 일련의 추리들의 연결 과정이다. 논거가 되는 이런 판단의 논리적 연결에 주의하지 않고 논거를 되는 대로 나열하면 논제의 진리성은 확증되지 못한다.

올바른 논증을 하려면 다음에 유의해야 한다.

첫째, 논제가 정확한지 검토한다.

둘째, 논제를 증명하는 데 쓰인 논거, 즉 자료를 충분히 수집해야 한다. 논거는 논제를 증명하는 데 있어 필요하고도 충분한 것이어야 한다.

셋째, 논증 방식을 구체적으로 연구해야 한다. 즉 어떤 순서로 논증해야 논제가 가장 논리적이며 설득력 있게 논증될 수 있는가 하는 문제를 따져 보아야 한다.

현명한 사또
논증의 종류

옛날 한 젊은이가 머슴살이를 떠나는 길에 몇 년 동안 끼니 굶어 가며 모은 돈 백 냥을 마을의 한 노인에게 맡기면서 가을까지만 보관해 달라고 부탁했다.

가을이 되어 젊은이가 돌아와 맡겼던 돈 백 냥을 돌려달라고 하니, 욕심 많은 노인이 "내가 언제 자네 돈을 받은 일이 있었는가?" 하고 잡아뗀다. 젊은이는 하는 수 없이 관아를 찾아 판결을 내려 주십사 청했다.

사또는 두 사람을 불러 묻기 시작했다.

"영감, 당신은 이 젊은이의 돈을 받은 일이 있소?"

"아닙니다. 그런 일이 전혀 없습죠."

노인이 손을 저으며 대답했다.

"젊은이, 자네는 이 영감에게 돈을 맡겼다는 증인이 있는가?"

"없습니다."

젊은이는 고개를 가로저으며 힘없이 대답했다.

"자넨 어디에서 이 영감에게 돈을 맡겼는가?"

"동구 밖 큰 소나무 밑에서 맡겼습니다."

젊은이가 바로 대답했다.

"이건 모함입지요! 저는 맹세코 저 사람의 돈을 맡은 일이 없습니다."

노인은 억울하다는 듯 큰소리로 말했다.

"증인도 없이 자네가 돈을 맡겼다는 것을 누가 증명한단 말이냐! 그런 즉 그 소나무한테 가서 증명서를 받아 오너라!"

사또는 젊은이를 쏘아보며 명했다.

소나무가 어떻게 증명서를 써 줄 수 있겠는가! 영감은 속에서 웃음주머니가 흔들흔들했으나 꾹 참고 있었다.

젊은이가 떠나고 삼십 분도 더 지났을 때였다.

사또는 영감을 보고 상냥하게 웃으며 물었다.

"이젠 소나무에 거의 갔을까요?"

"천만에요, 아직 멀었습니다."

노인이 대답했다.

거의 한 시간이 흘렀을까, 사또가 다시 영감에게 물었다.

"한 시간이나 지났으니 소나무한테 다 갔겠지요?"

그러자 노인은 "예, 이제 도착했을 겁니다!" 하고 대답했다.

거의 두 시간이 지나서야 돌아온 젊은이는 사또 앞에 머리를 숙인 채 아무 말도 못하고 있었다.

영감은 돈 백 냥을 땀 한 방울 흘리지 않고 떼어먹었구나 하는 생각에 흐뭇해졌다.

그런데 뜻밖에도 사또가 "이런 몹쓸 영감 같으니!" 하고 벼락같이 호령하더니 말했다.

"그 소나무 밑에서 돈을 맡지 않았다면 어떻게 그 소나무의 위치를 알며, 또 얼마나 먼 곳에 있는지 알 수 있는가? 그런 즉 영감은 젊은이의 돈을 떼어먹으려는 수작임이 분명하다!"

욕심쟁이 노인은 현명한 사또 앞에서 꼼짝없이 죄를 인정해야 했다.

이야기에서 사또는 논증의 일종인 귀류적 논증으로 사건의 진상을 밝혀낼 수 있었다.

논증은 추리 형식에 따라 연역적 논증과 귀납적 논증으로 나뉘며, 논증 방식에 따라 직접 논증과 간접 논증으로 구분된다.

연역적 논증

연역추리 형식을 이용해 진행하는 논증을 말한다. '민주주의는 반드시 승리하고 독재는 반드시 멸한다'는 논제를 연역적 논증 방식으로 논증하면 다음과 같이 된다.

논거로서 '정의는 반드시 승리하고 불의는 반드시 멸망한다'는 것을 들고, 그다음 '민주주의는 정의며 독재는 불의다'를 든다. 따라서 '민주주의는 반드시 승리하고 독재는 반드시 멸한다.' 이렇게 연역추리 형식을 통해 진행되는 논증이 되겠다.

연역적 논증은 논제가 특수한 경우에 대한 판단이고 논거가 일반적인 원리라는 특징을 갖는다. 연역적 논증을 진행할 때는 일반적인 원리를 특수한 경우에 제대로 응용했는지에 유의해야 한다. 만약 일반 원리를 이 원리에 맞지 않는 특수한 경우에 응용했다면, 그 일반 원리가 진리라 하더라도 논제의 진리성이 확증될 수 없으며, 따라서 논증 목적을 이룰 수 없게 된다.

귀납적 논증

귀납추리 형식을 통해 진행되는 논증이다. '침략 전쟁을 일으키면 반드시 패한다'는 논제를 귀납적 논증 방법으로 논증한다고 하자. 다음과 같은 논거를 들 수 있을 것이다.

> 나치 독일은 침략 전쟁을 일으키고 패했다.
> 파시즘 이탈리아는 침략 전쟁을 일으키고 결국 패했다.
> 일본 제국주의는 대동아 침략 전쟁을 일으키고 패했다.

이러한 논거에 근거해 논제의 진리성을 충분히 논증할 수 있다.

귀납적 논증은, 논제가 일반적인 원리에 대한 판단이고 논거가 특수한 경우인 점이 특징이다. 귀납적 논증은 반드시 정확하게 관찰하고 분석해 연역적 방법과 결합되어야만 신뢰도 높은 결론에 이를 수 있다.

이 두 논증 방법은 귀납추리와 연역추리가 그렇듯 서로 분리돼 적용되지 않는다. 이는 모든 과학에 적용되는 논증 방법이다. 그러나 이론과학에서는 연역적 논증이, 실험과학에서는 귀납적 논증이 상대적으로 많이 적용된다.

직접 논증

논거의 진리성에 근거해 직접적으로 논제의 진리성을 확증하는 결론으로 이행하는 것을 말한다.

앞의 이야기에서 링컨이 보여 준 방식이 여기에 해당한다. 링컨의 논증에서 논제는 '풀슨은 사기꾼이다'라는 것이다. 링컨은 이 논제를 논증하기 위해 '그날은 음력 8일 혹은 9일이어서 밤 열한 시면 벌써 달이 진 후가 되므로 달빛이 피고의 얼굴을 비출 수 없음'을 논거로 삼아 '밝은 달밤이라 피고의 얼굴이 똑똑히 보였다'는 풀슨의 거짓말을 직접적으로 논증했다.

간접 논증

논제의 진리성을 직접 논거로부터 도출하는 것이 아닌, 논제와 모순되는 명제가 거짓임을 논증함으로써 논제의 진리성을 확증하는 방법이다.

간접 논증은 다시 선언적 논증과 귀류적 논증으로 나뉜다.

선언적 논증이란 논제와 배제적 선언관계에 있는 판단들이 성립될 수 없음을 확증함으로써 논제의 진리성을 논증하는 것을 말한다.

'△ABC에서 ∠C=∠B라면 AB=AC다'라는 정리를 증명하는 과정이 바로 선언적 논증이 되겠다. △ABC에서 두 변 AB와 AC의 관계에는 세 가지 경우, 즉 AB>AC 또는 AB<AC 또는 AB=AC만이 있을 뿐이다. 따라서 AB>AC와 AB<AC가 성립될 수 없음을 확증하기만 하면 AB=AC라는 것이 증명될 수 있다. 그런데 이미 알고 있는 정리에 근거해 우리는 △ABC에서 만약 AB>AC이면 꼭 ∠C>∠B이고, AB<AC이면 꼭 ∠C>∠B라는 것을 안다. 하지만 이것들 모두 앞서 제기한 정리의 가설(∠C=∠B)과 모순된다. 그러므로 위에서 제기한 정리는 진리임이 확증되는 것이다.

선언적 논증 과정을 간단하게 표시하면 다음과 같다.

- 논제 : A
- 혹은 A, 혹은 B, 혹은 C
- 비B, 비C

- 따라서 A

선언적 논증에서 주의해야 할 것은 모든 가능한 사실을 빠짐없이 열거해야 하는 점이다. 가능한 사실 일부만 들어 그것이 성립될 수 없음을 증명한다면 여전히 논제의 진리성을 논증할 수 없다.

귀류적 논증은 논제와 대립관계에 있는 판단이 거짓임을 증명함으로써 논제의 진리성을 논증한다.

'현명한 사또' 이야기에서 사또는 '영감이 소나무 밑에서 돈을 맡았다'는 논제와 대립되는 논제, '영감이 소나무 밑에서 돈을 맡지 않았다'는 판단을 설정하고, 이 판단이 거짓임을 밝힘으로써 '영감이 소나무 밑에서 돈을 맡았다'는 논제의 진리성을 논증했다.

또 '한 직선과 수직인 두 직선은 서로 만나지 않는다'는 정리도 귀류적 논증 방식으로 논증된다. 즉 이 명제와 대립관계인 명제, '한 직선과 수직인 두 직선은 서로 만난다'는 판단을 진리라 가정한다면, 이 판단으로부터 '직선 밖 한 점에서 그 직선에 수직인 두 직선을 그릴 수 있다'는 결론을 도출해낼 수 있다.

그러나 이 결론은 잘못되었다. 왜냐하면 우리가 이미 아는 정리, '직선 밖 한 점에서 그 직선과 수직인 직선은 오직 하나만 그릴 수 있다'와 모순되기 때문이다. 이로부터 '한 직선과 수직인 두 직선은 서로 만난다'는 가

정은 거짓임을 알게 된다. 우리는 배중률에 따라 한 직선과 수직인 두 직선은 서로 만나거나 만나지 않는 둘 중 하나만 가능할 뿐 제3의 경우는 존재하지 않음을 안다. '한 직선과 수직인 두 직선은 서로 만난다'는 판단은 거짓으로 확증되었으므로, '한 직선과 수직을 이루는 두 직선은 서로 만나지 않는다'는 명제는 분명한 진리가 된다. 이리하여 이 명제는 논증되었다.

귀류적 논증 과정을 간단히 나타내면 다음과 같다.

- 논제 : A
- 대립되는 논제 : 비A
- 비A가 거짓임을 논증
- 배중률에 의해 비A는 거짓
- 따라서 A는 진리

간접 논증은 직접 논증보다 더 복잡한 사고 과정을 거친다. 간접 논증은 직접 논증처럼 논제를 직접 연구하는 것에서 시작하지 않고 논제와 선언관계이거나 대립관계에 있는 명제들을 연구하는 것에서 시작한다. 즉 선언적 논증은 논제와 선언관계에 있는 명제의 진리성 여부를 연구하는 것부터 시작하며, 귀류적 논증은 논제와 대립관계에 있는 판단을 설정한 후, 그것을 참이라 가정하고 그로부터 어떠한 결론이 도출되는지 연구하는 것부터 시작한다.

논증은 그 추리 형식과 논증 방식에 따라 연역적 논증과 귀납적 논증, 직접 논증과 간접 논증 등 여러 유형으로 나뉘는데, 대개 큰 논증에서는 이들 모두가 긴밀히 결합돼 엄밀한 논증 과정을 구성하게 된다.

의사는 정말 죽은 사람을 살렸나
논증 규칙(1)

승철이와 상호는 과학잡지에서 「죽은 사람을 살려낸 의사」라는 기사를 읽고 논쟁을 벌였다.

승철이는 "그건 순 거짓말이야! 아무리 의사가 대단해도 어떻게 죽은 사람을 다시 살아나게 한단 말야?" 하고 말했다.

그러나 상호는 "그건 네가 모르고 하는 소리야. 죽은 사람이 병원에 와서 다시 살아난 예는 분명 있다고! 얼마 전 물에 빠져 죽은 사람이 병원에 와서 치료를 받고 되살아난 얘기, 못 들었니?" 하고 반박했다.

승철이는 상호의 주장이 어처구니없다는 듯 손을 내저으며 말했다.

"죽었으면 죽은 거지 어떻게 되살아날 수 있니? 물에 빠진 그 사람 심장이 아마 여전히 뛰고 있어 치료가 가능했겠지, 심장이 멈췄다면 되살아날 수 있었겠어?"

상호는 승철에게 질세라 목청 높여 대꾸했다.

"호흡이 멎고 심장박동도 멈춘 사람이 되살아났다는 기사가 지난달 신문에 실린 걸 내 눈으로 직접 봤어! 네 말이 맞다면 신문에 실린 내용이 거짓말이란 거야?"

두 사람은 반나절이나 논쟁을 벌였지만, 서로 제 의견을 고집하는 통에 누구도 상대를 설득하지 못했다.

두 학생의 주장에는 옳은 점도, 또 틀린 점도 있다. 그들은 반나절이나 논쟁했지만 논쟁의 논제가 명확하지 못하다. 시비를 가리려면 무엇보다 논제부터 명확히 해야 한다. '죽었다'는 것은 무엇을 말하는가? 사람들은 흔히 호흡 또는 심장이 멎으면 죽었다고 말하는데, 이는 비과학적 표현이다.

현재 의학에서 말하는 '임상 사망'은 호흡이 멈추고 심장박동도 멈춘 것을 가리킨다. 임상 사망은 일반적으로는 되살아날 수 없지만 가끔 살아나는 경우도 있다. 만약 의사가 임상 사망자를 구했다면 '죽은 사람을 되살린 것'이다. 이런 의미에서 말한다면 상호의 주장이 옳다.

그러나 사람이 죽는 데는 과정이 있다. 호흡이 멈추고 심장박동이 정지했어도 모든 세포가 다 죽은 것은 아니다. 만약 인체의 모든 세포가 다 죽었다면 그것은 '임상 사망'이 아닌 '생리 사망'이 된다. 생리 사망은 되살아날 수 없다. 이런 의미에서는 승철이의 주장이 옳다.

이로부터 알 수 있듯 상호는 '임상 사망'을 승철이는 '생리 사망'을 말하다 보니 공통되는 명확한 논제가 없어 논쟁이 어떤 결론에도 이르지 못한 것이다.

두 사람의 논쟁은 논증에서 논제의 규칙을 위반했다.

논증이 정확하게 되려면 반드시 논증 규칙을 지켜야 한다. 논증 규칙을 준수하지 않으면 여러 가지 오류를 범하게 된다.

논증 규칙은 크게 논제에 대한 규칙과 논거에 대한 규칙, 논증 방식에 대한 규칙으로 나눌 수 있다.

논제의 첫 번째 규칙은, 논제는 반드시 명확하고 확정적이어야 한다는 것이다. 두 학생의 논쟁은 이 첫 번째 규칙을 위반했는데, 이를 논제 불명의 오류라고 한다.

토론하거나 변론할 때 흔히 어떤 문제를 논증하게 되는데, 이때마다 우리는 자신이 주장하려는 논제를 명확하고 확정적으로 제시해야 한다. 그렇지 않으면 듣는 사람은 물론 논증하는 사람 스스로도 자신이 무엇을 논증하려는 것인지 모르고 혼란에 빠지게 된다. 그리하여 반나절이나 숱한 사실과 예를 열거하며 논의했어도 도리어 상대방을 어리둥절하게 만들 뿐 아무런 성과도 거두지 못하고 말았다. 마찬가지로 상대가 주장하는 논제를 명확히 파악하지 못하고 상대를 논박한다면, 결국 본질을 꿰뚫어 보지 못한 채 논의는 동문서답으로 끝나고 만다.

토론하거나 변론할 때뿐 아니라 연설이나 발언할 때도 논제는 명확해야 한다. 한 기업 사장이 좌담회에서 다음과 같은 폐회 연설을 했다.

오늘 나는 이 좌담회를 마치면서 몇 마디만 간단하게 말하려 합니다. 물론 이러한 모임에서 말을 많이 하는 것도 좋지요. 말을 적게 하는 것도 좋지만 많이 하면 많이 하는 장점이 있으니까요. 그런데 나의 이야기가 꼭 옳다고 할 수는 없지요. 다시 말하면 나의 이야기 속에 옳지 못한 점이 있을 수 있다는 것입니다. 옳지 못한 점에 대해서는 여러분이 비판해 주시기 바랍니다. 나는 여러분의 비판을 겸허히 받아들이겠습니다. 사람이란 좀 겸손해야 하니까요. 겸손하면 발전하고 교만하면 발전하지 못하는 겁니다. 이런 예야 얼마든지 찾아볼 수 있지요. 그런데 뒤졌다 해도 크게 두려워할 건 없습니다. 차차 따라잡으면 되는 법입니다. 서로 견주어 보고 배우고 따라잡고 도와주어야 하니까요. 도와준다는 건 아주 중요합니다. 우리는 언제나 서로 도와야 합니다. 나쁜 일이 좋은 일로 변한 예는 얼마든지 있지요. 예전에 우리 회사는 문제가 많았지만 요즘은 사정이 아주 좋지 않습니까? 형편이 아주 좋지요. 그런데 이것도 일면만 봐서는 안 됩니다. 이건 철학적 문제니까요! 우리는 철학을 배우지 않으면 안 됩니다. 철학이란 무엇인가요? 이건 여러분들이 다 알고 계시리라 믿고 더 말하지 않겠습니다. 나는 그래도 공부하는 것을 좋아합니다. 공부에 대해 앞으로 다시 연구하려 합니다. 물론 철저하게 연구해야 하지요. 오늘 좌담회를 마치면서 이상과 같이 몇 마디 간단하게 말하는 바입니다.

이 연설은 아무런 논제가 없는, 문자 그대로 허튼소리에 불과하다. 도대체 이 연설을 통해 그가 말하고자 한 것은 무엇인지 듣는 사람은 어리둥절해질 것이다.

가치의 종류
논증 규칙(2)

현배와 길수는 공부를 하다 어떤 것에 가치가 있는가 하는 문제를 놓고 논쟁을 벌이기 시작했다.

현배는 "상품은 모두 가치를 갖지만 공기나 햇빛과 같은 자연물은 가치를 지니지 않아"라고 말했다.

그러자 길수는 "공기나 햇빛이 가치가 없다는 말은 틀렸어. 공기나 햇빛이 없다면 어떻게 살겠니? 공기와 햇빛의 가치는 그 어떤 상품보다도 더 크다고 해야 할 거야."라고 논박했다.

나중에 그들은 대학에서 경제학을 강의하는 길수 아버지에게 물어보고서야 시비를 가릴 수 있었다. 길수 아버지는 이렇게 설명했다.

"경제학에서 말하는 상품 가치란 상품 속에 포함돼 있는 인간의 노동(사회적 필요 노동)량을 의미하지. 그런데 공기나 햇빛은 노동을 통해 가공된 게 아니므로 가치를 지니지 않아. 길수는 상품 가치와 일상생활에서 말하는 가치, 즉 쓸모 있는 것을 혼동했단다."

이야기에서 길수는 논제의 두 번째 규칙을 위반했다. 논제는 반드시 논증 과정에서 시종 동일한 것으로 유지돼야 한다는 것이 그것이다. 길수는 경제학에서 말하는 '가치'라는 논제를 일상생활 속 '가치'로 바꿔 놓고

논의했기 때문이다.

논증 과정에서 우리는 흔히 논거로 이용되는 판단을 먼저 논증하게 되곤 한다. 이런 경우 주의하지 않으면, 원래 설정한 논제와 상관없는 논의에 빠져들어 목표했던 논증 결과에 이르지 못한다. 따라서 한 논증 과정에서는 이미 설정된 논제가 뒤죽박죽 바뀌면 안 된다. 이 규칙을 위반하면 '논제 교체의 오류'를 범하게 된다.

이러한 오류는 복잡한 사고 과정에서 자신도 모르게 범하게 되기도 하지만, 상대를 혼란에 빠뜨려 자신의 주장을 정당화하려고 의식적으로 범하기도 한다. 다음의 예가 그런 경우다.

대학입시를 준비하는 경철이는 대학생인 형 경수에게, 입시 준비를 위해 논리학을 공부해야 하는지 아닌지에 대해 자문을 구했다. 그런데 형 경수는 그럴 필요가 없다고 주장했다.

"논리학은 공부할 필요가 없어. 개념, 판단, 추리와 논증에 관한 논리

지식은 다른 과목들을 공부할 때 체계적으로 배우면 되는 거야. 그래야 시간도 절약되고 입시에서 높은 점수를 받을 수 있지 않겠어?"

여기에서 경수가 말하고자 하는 원래의 논제는 '논리학을 공부할 필요가 없다'는 것이었다. 그런데 그는 주장을 펴면서 '논리에 관한 지식은 다른 과목을 공부할 때 체계적으로 배우면 된다'는 것으로 논제를 슬그머니 바꿔 놓았다. 그는 '논리학을 공부할 필요가 있는가 없는가?'가 아닌, '논리학을 어떻게 배울 것인가?'라는 전혀 다른 문제에 답한 것이 되었다.

원래 논제에 대해서는 아무런 논증도 하지 않고 유사한 다른 논제로 이를 대체함으로써 마치 본 논제를 논증한 양 주장하는 것은 논증할 때 빠지기 쉬운 오류다.

아리스토텔레스의 궤변

논증 규칙(3)

고대 그리스의 유명한 철학자 아리스토텔레스는 다음과 같은 유명한 궤변을 고안해냈다.

크기가 다른 두 개의 동심원(아래 그림 참고)이 있는데, 큰 원의 반지름은 R이고 작은 원의 반지름은 r이다(R>r). 큰 원이 직선을 따라 한 바퀴 구르면 그 직선 길이가 바로 원주의 길이, 즉 AA´ =2πR이 된다.

큰 원과 작은 원은 한곳에 고정돼 있으므로 큰 원이 한 바퀴 구르면 작은 원도 함께 구르게 된다.

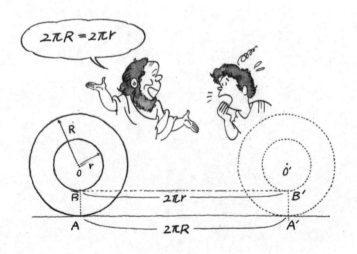

따라서 BB′=2πr이 된다

그런데 AA′=BB′이므로 2πR=2πr이다.

여기에서 양변을 2π로 나누면 R=r이 된다.

이런 식으로 아리스토텔레스는 큰 원과 작은 원의 반지름이 같다는 결론을 내렸다.

아리스토텔레스가 범한 오류는 그가 설정한 논거의 하나인 BB′=2πr이 진리가 아니라는 데 있다. 겉으로 보기에는 큰 원이 한 바퀴 구를 때 작은 원도 함께 구르는 것처럼 보이나, 실제 작은 원은 큰 원 안에서 내전(內轉)할 뿐이다. 따라서 BB′는 작은 원의 원주의 길이라 할 수 없으며, 작은 원의 원주보다 더 길다(BB′>2πr).

따라서 BB′=2πr을 논거로 삼아 R=r이라는 논제를 논증하는 것은 잘못이며, 논증에서 논거의 첫 번째 규칙을 위반한 것이 된다.

논거의 첫 번째 규칙은, 논거는 반드시 그 자체가 진리여야 한다는 것이다.

논거는 논증의 근거이므로 그 근거가 믿음직한 것이 못 되면 그것으로부터 정확한 결론을 도출해낼 수 없게 된다. 아리스토텔레스는 '큰 원이 한 바퀴 구르면 작은 원도 함께 한 바퀴 구른다'는 논거로써 '작은 원과 큰 원의 반지름이 같다'는 논제를 논증했는데, 논거가 거짓이기에 논제도 틀린 것이 되었다. 논거로 이용되는 판단은 모두 진리로서 의심할 바 없는 것이어야 한다. 이 규칙을 위반하면 '거짓 논거'의 오류를 범하게 된다.

늑대의 생트집

논증 규칙(4)

　늑대는 오래전부터 강가에 와서 물을 마시는 새끼양을 잡아먹으려 했다. 그런데 무턱대고 잡아먹으면 늙은 양들이 몰려와 귀찮게 할 것이므로, 궁리하고 궁리한 끝에 한 가지 구실을 생각해냈다.

　늑대는 새끼양 곁에 다가가 고함치듯 꾸짖었다.

　"어른이 물을 마시려는데 넌 왜 물을 흐리는 거야?"

　그러자 새끼양이 상냥하게 말했다.

　"물은 위에서 아래로 흐릅니다. 아저씨는 위에 있고 저는 아래에 있는데, 제가 어떻게 물을 흐린단 말인가요?"

늑대는 하는 수 없이 다른 구실을 찾았다.

"보아하니 넌 예의를 모르더구나! 지난해 봄에도 넌 이 어른을 만나도 인사도 않고 버릇없이 입을 쩍 벌리고 하품만 하더구나! 너처럼 버르장머리 없는 놈은 잡아먹는 것이 지당하지!"

말이 끝나자 새끼양은 "늑대 어른, 전 올봄에 태어났는데 어떻게 지난해 봄에 어르신을 만날 수 있단 말입니까?"라고 논박했다.

"엉? 옳아, 그렇지. 그렇지만 네 어미가 버릇이 없으니까 너 역시 예의를 모르는 놈이지!"

늑대는 새끼양이 대답할 틈도 주지 않고 냉큼 잡아먹어 버렸다.

그야말로 강도 논리가 아닐 수 없다. 새끼양이 하류에서 물을 마신 것으로부터 상류의 물을 흐렸다는 판단을 끌어낼 수 없으며, 어미양이 예의가 없다는 데서 새끼양도 예의를 모른다는 판단을 끌어내지 못한다. 설사 새끼양이 예의 없게 행동했더라도 이것이 새끼양을 잡아먹어야 한다는 판단 근거는 될 수 없다. 늑대는 논거의 두 번째 규칙을 위반했다.

논거의 두 번째 규칙은, 논거는 반드시 논제의 충족한 이유가 되어야 한다는 것이다.

논쟁할 때 우리는 이런 경우를 자주 본다. 즉 상대가 이러저러한 논거를 제시해도 그것으로는 논제를 논증할 수 없다. 왜냐하면 상대가 제기한 논거들이 논제를 논증할 충족한 이유가 되지 못하기 때문이다. 논증 과정에서의 이런 오류를 '논거 부족'이라고 한다.

요상한 면접시험
논증 규칙(5)

대표적인 스콜라 철학자인 토마스 아퀴나스는 모든 현상을 해석하는 데 만능으로 통용되는 비결을 가지고 있었는데, 그것은 바로 어떤 현상들이 본래부터 갖고 있는 신비한 '형식' 또는 '숨어 있는 질'을 지적하는 것이었다.

예를 들면 철이 압연성을 띠는 까닭은 바로 철이 압연의 '본성'을 지녔기 때문이라는 것이다.

프랑스 극작가 몰리에르는 『걱정병 환자』라는 희곡에서 이런 황당한

논조를 신랄하게 풍자했다. 극 중 인물인 의학박사 아르간이 전국 의학단체 가입을 신청하자 관례대로 의학박사들은 그를 불러다 놓고 면접시험을 치렀다.

한 박사가 물었다.

"학식이 넓은 아르간 박사, 아편은 무엇 때문에 사람을 잠들게 하는지 대답해 보시오."

아르간이 대답했다.

"고명하신 박사님, 당신은 아편이 왜 사람을 잠들게 할 수 있냐고 물으셨지요? 저의 대답은 이렇습니다. 아편은 그 자체에 잠들게 하는 힘을 지녔기에 자연히 사람의 감각을 마비시키지요!"

박사들이 이구동성으로 말했다.

"맞았소, 맞았어! 아주 훌륭하고 정확한 대답이오. 우리 의학단체에 가입할 자격이 충분합니다!"

아르간의 대답은 스콜라 철학자들의 요구에 완전히 부합되는 것이었다. 아편이 사람을 잠들게 할 수 있는 것은 아편에 잠들게 할 수 있는 힘이 있기 때문이라는 것. 다시 '아편은 왜 잠들게 하는 힘을 갖는가?'라고 묻는다면 '아편이 잠들게 할 수 있기 때문이다'라고 대답하게 된다. 논거의 세 번째 규칙을 위반한 것이 되겠다.

논거의 세 번째 규칙은 논거의 진리 여부가 논제에 의해 증명돼서는 안 된다는 것이다.

논제의 진리성 논거를 통해 증명돼야 하는데, 논거의 진리성이 논제로써 증명되었다면, 실제로는 아무것도 증명된 게 없는 셈이다. 이런 오류를 '순환적 논증'이라고 한다.

말에 딸린 송아지 원님
논박이란 무엇인가?

어느 고을 농부가 장날 송아지 한 마리가 딸린 늙은 암소를 팔아 수송아지를 사려고 장터에 나갔다.

장터 한복판에 있는 말뚝에 늙은 암소를 매어 놓고 기다리는데, 늙은 암소에 딸린 송아지가 보이지 않았다. 한나절을 찾아 헤매다 점심 때가 돼서야 겨우 찾기는 찾았는데, 이상하게도 송아지가 남의 말들 무리 속에 섞여 빠져나오지 못하고 제자리에서 뱅뱅 돌고만 있었다.

이를 본 농부는 화가 나 회초리를 휘두르며 송아지를 몰아 나오려고 했는데, 옆에서 말을 지키고 있던 젊은이가 버럭 소리를 질렀다.

"여보쇼, 남의 송아지는 왜 끌고 가는 거요?"

"이놈은 우리 늙은 암소에 딸린 송아지요."

농부는 어처구니없다는 듯 항의했지만, 험상궂은 젊은이는 주먹다짐이라도 할 기세로 나왔다.

"괜한 허튼소리 하지 말고 좋게 물러가시오. 이 송아지는 우리 부자 어른 말에 딸린 송아지란 말이요."

젊은이의 기세에 눌린 농부는 말 한마디 못하고 그만 송아지를 뺏기고 말았다.

돌아오는 길에 돌이켜보니 너무도 억울하고 분한 생각이 들어 농부는

고을 원님을 찾아가 자초지종을 고했다.

농부의 말을 듣고 난 원님은 농부에게 물었다.

"그 말들이 누구의 것이더냐?"

"예에, 부잣집 말들이라 하옵니다."

이 말에 원님은 의관을 바로잡고 기침을 몇 번 하고는,

"그 송아지가 말들에 섞여 노는 것을 봐서 말에 딸린 것이 분명하다. 늙은 암소와 떨어져 있는 걸 보면 암소에 딸린 것이 아니로다. 그러니 그 송아지는 필시 부잣집 말에 딸린 것이 맞다."라고 판결을 내렸다.

집에 돌아온 농부는 너무나 억울하고 분해 대성통곡했다. 사정을 알게 된 아내가 울어대는 남편에게 귓속말로 속삭였다.

"분하다고 울기만 하면 뭔 소용입니까? 방법을 찾아봐야 하지 않겠어요?"

이튿날, 농부는 아내와 함께 원님의 행차가 잦은 길목에 나가 한 사람

은 반두(물고기를 잡는 그물 모양 도구)를 펴 들고, 한 사람은 큰길을 오르내리며 소리쳤다.

"자! 임면수어도 듣고 산천어도 듣거라. 내 반두에 들어오기만 하면 송아지가 말에 딸린 것이라고 주장하는 원님에게 올릴 테다."

이 소리에 오가는 사람들은 물론, 인근에 사는 사람들까지 웅성거리며 구름처럼 모여들었다.

바로 이때 가마를 탄 원님이 이쪽으로 오는 게 보였다. 원님이 가마 위에서 보니 웬놈이 길가에서 반두를 펴 들고 소리치고, 구경꾼들은 배꼽을 잡고 웃고 있었다. 원님은 가마에서 내려 반두를 든 농부에게 호령했다.

"이 무식한 놈 같은지고. 물고기란 자고로 물에 사는데 어찌 물 한 방울 없는 길에서 반두질을 한단 말이냐? 하물며 원님이 행차하는 길을 막고 서서 만 백성을 웃기다니 괘씸하기 짝이 없구나. 당장 물러가지 못할까!"

그러자 농부가 원님 말이 끝나기 무섭게 목청을 돋구었다.

"소인도 물고기란 자고로 물속에 사는 줄 모르는 바 아니나, 사리판단이 밝으신 원님께서 말에게 송아지가 딸렸다고 송사를 처리하시니 물에 사는 고기도 땅에 딸릴 수 있을 것으로 알고 반두질을 하는 것이옵니다."

이 말에 원님은 한마디 하려고 입을 벌렸지만 혀가 굳었는지 아무 말이 없었다. 조용히 가마에 올라 탈 뿐이었다. 모여 있던 구경꾼들이 원님의 가마가 날아갈 만큼 박장대소했다.

이때부터 이 고을 사람들은 원님을 '말에 딸린 송아지 원님'이라 부르기 시작했다.

농부는 원님의 논제를 통쾌하게 논박했다.

논박이란 상대의 논증이 거짓임을 밝히는 사유과정이다. 상대의 논증이 거짓임을 확정하려면 상대의 논제와 모순되는 판단이 진리임을 증명해야 한다. 따라서 논박은 상대의 논제와 모순되는 판단을 논제로 하는 논증 과정이 되겠다.

논박은 하나의 특수한 논증 형태다. 따라서 그 구조는 논증 구조와 크게 다르지 않다. 논증은 논제, 논거, 논증 방식으로 구성되므로 그에 대한 논박 역시 논제에 대한 논박, 논거에 대한 논박, 논증 방식에 대한 논박으로 나뉜다.

사랑의 매
논제 논박하기

학창시절 친하게 지내던 세 친구가 있었다. 학교 졸업 후, 한 사람은 집이 가난해 공장에 취직하고, 다른 한 사람은 스님이 되고, 또 한 사람은 부모 덕에 대기업에 취직했다.

하루는 공장에 취직한 친구가 옛 동창인 스님을 만나려고 오랜만에 절을 찾았다. 그런데 스님은 초라한 행색의 그를 보고는 본 체 만 체 하면서 아주 쌀쌀맞게 대하는 게 아닌가.

그런데 이날 공교롭게도 대기업에 다니는 동창생도 볼일이 있어 이절에 들렀다. 스님은 양복 차림에 돈이 많아 보이는 그 동창생을 보자 만면에 상냥한 웃음을 띠고 깍듯이 인사하며 공손히 맞이했다.

스님을 괘씸히 여긴 노동자 친구는 스님을 조용한 곳에 불러내 따졌다.

"자넨 어째서 그 사람은 그렇게 반갑게 대하고 나한테는 쌀쌀맞게 구는가?"

그러자 스님은 이렇게 대답했다.

"허허, 오해하지 말게나. 그래, 자넨 내 성미를 아직 모르는 것 같군. 난 원래 겉으로 반갑게 대하는 사람은 속으로 쌀쌀맞게 대하고, 또 속으로 반갑게 대하는 사람은 겉으로는 쌀쌀맞게 대한다네."

이 말에 공장에 취직한 친구가 지팡이로 스님의 머리를 사정없이 내리치며 말했다.

"자네 말대로 하면 내가 자네를 때리는 건 자네를 사랑하는 것이고 자네를 때리지 않는 건 자네를 사랑하지 않는 것이야! 그러니 난 자네를 때리지 않을 수 없네! 이건 내가 자네에게 주는 사랑의 매야. 그러니 오해하지 말게나!"

그리하여 스님은 찍소리도 못하고 사랑의 매를 맞았다.

공장에 취직한 친구는 '겉으로 반갑게 대하는 것은 속으로 쌀쌀맞게 대하는 것이고, 속으로 반갑게 대하는 것은 겉으로 쌀쌀맞게 대하는 것'이라는 상대의 논제를 진리라 가정한 후, 이로부터 '때리는 건 사랑하는 것이고 때리지 않는 건 사랑하지 않는 것이다'라는 황당한 결론을 끌어내 상대의 논제를 논박했다.

논제에 대한 논박에는 직접 논박과 간접 논박 두 가지가 있다.

직접 논박이란 사실과 이치로써 상대의 논제를 정면에서 논박하는 것이다. 앞선 이야기 속 링컨의 방식이 여기에 해당된다.

간접 논박이란 상대의 논제를 진리라 가정한 다음, 이로부터 황당한 결론을 도출해 상대의 논제를 부정하는 방식이다. '말에 딸린 송아지 원님' 이야기에서 원님의 논제에 대한 농부의 논박, 앞 이야기에서 스님을 혼낸 친구의 논박이 여기에 해당된다.

논제에 대한 논박은 논박 방식 중 가장 설득력 있는 방법이다. 상대의 논제가 거짓이라는 것을 폭로하기만 하면 논박의 목적이 달성되기 때문이다.

부엌돌이의 지혜
논거 논박하기

옛날 어느 마을에 논밭 모두 합쳐 아흔아홉 필지를 가진 부자가 살았다. 그는 여기에 한 필지를 더해 백 필지를 채워 고을 제일가는 부자가 되려고 여러모로 궁리했다.

그런데 이 마을에는 삼대를 이어 손발이 다 닳도록 괭이질 삽질 해 가며 일군 자갈밭 한 필지를 가진 농부가 살고 있었다. 이 집 아이 이름이 부엌돌이라서 사람들은 그를 부엌돌이 아버지라 불렀다.

부엌돌이네 자갈밭에 눈독을 들인 부자는 어느 날 묘한 계책이 떠올라 머슴에게 부엌돌이 아버지를 데려오라고 했다.

"자네를 오라 한 것은 다름이 아니라 겨울이라 할 일도 없고 하여 심심하니 장기나 두자는 걸세. 한데 장기란 내기가 없으면 재미가 없는 법, 진 사람이 수말이 낳은 망아지를 얻어 오기로 함세. 망아지를 얻지 못하면 대신 밭 한 필지를 내놓기로 하세!"

이는 자갈밭을 뺏으려는 억지 수작임이 뻔했지만 권세 있는 부자의 말이라 부엌돌이 아버지는 울며 겨자먹기로 장기를 둘 수밖에 없었다. 부자 편을 들어 훈수하는 놈들이 어찌나 많은지 부엌돌이 아버지는 결국 장기에 지고 말았다.

부자는 입이 벌어져서 장기판을 밀어 놓고 말했다.

"장기에 졌으니 내일까지 수말이 낳은 망아지를 얻어 와야겠네. 얻어
오지 못하면 그 자갈밭 한 필지를 내가 가지겠네."

집에 돌아온 부엌돌이 아버지는 너무도 기가 막히고 억울해 식음을
전폐하고 자리에 드러누웠다. 이 모습을 본 부엌돌이는 무슨 일로 그렇
게 상심해 있는지 물었다.

아버지는 부잣집에서 있었던 억울한 일을 들려주고는 땅이 꺼지도록
한숨을 쉬며 말했다.

"글쎄 암말이 낳은 망아지라면 몰라도 수말이 낳은 망아지를 어디서
구한단 말이냐? 이제 자갈밭을 고스란히 뺏기게 생겼구나!"

"아버지, 너무 상심 마시고 저녁 진지나 드십시오. 수말이 낳은 망아
지는 못 얻어 올 망정 그 영감의 수작에 당하고만 있을 수 있겠습니까?
제게 방책이 있으니 그만 속 태우십시오."

부엌돌이는 이튿날 아침 일찍 꼴망태를 지고 부잣집을 찾아갔다. 부
자는 부엌돌이를 보자 어제 일이 궁금하여 "애야, 네 아비는 집에서 뭘

하기에 아직 오질 않느냐?" 하고 물었다.

그러자 부엌돌이가 차분한 목소리로 대답했다.

"어르신, 우리 집에 대단한 경사가 났습니다. 아버지께서 엊저녁에 몸을 풀어 아들을 낳았는데 글쎄 쌍둥이가 아니겠습니까. 지금 산부는 아랫목에 누워 쌍둥이에게 젖을 먹이고 있습니다. 산후에 바람을 맞을까 싶어 오지 못하고 제가 몸을 푼 아버지에게 미역국을 대접해 드리려고 지금 읍내로 미역을 사러 가는 길입니다."

"예끼, 무식한 놈아! 그런 얼토당토않은 소리가 어디 있느냐! 여편네라면 모를까, 상투 튼 남자가 어찌 아이를 낳는단 말이더냐!"

그러자 부엌돌이가 당차게 맞받았다.

"예, 상투 튼 남자가 아이를 낳지 못하는데 수말이 어떻게 망아지를 낳겠습니까? 세상에 없는 수말이 낳은 망아지를 얻어 오라고 하신 어르신 말씀이야말로 얼토당토않은 소리입니다!"

부엌돌이에게 망신을 당한 부자는 말문이 막혀 그저 눈만 부라릴 뿐이었다.

이야기에서 부엌돌이는 지주의 논거가 얼토당토않다는 것을 밝힘으로써 수말이 낳은 망아지를 얻어 올 수 있다는 지주의 논제를 논박했다.

이처럼 상대가 논제의 진리성을 논증하기 위해 들고 나온 논거들이 진리가 아니라는 것을 보여 줌으로써 상대의 주장을 논박하는 방법이 바로 논거에 대한 논박이다.

논거에 대한 논박을 할 때 반드시 알아야 할 점은, 상대의 논거를 논박했다고 해서 이것이 곧 상대의 논제까지 논박한 것은 아니라는 부분이다. 상대의 논거를 논박했다는 것은 다만 논제에 대한 상대의 논증이 성립되지 않음을 증명한 것일 뿐 그 논제 자체를 논박한 것은 되지 않는다.

'목성에는 위성이 있다. 왜냐하면 모든 행성은 위성을 가지며, 목성은 행성이기 때문이다'라는 논증을 논박한다고 하자. 여기에서 우리는 금성은 행성이지만 위성이 없다는 예로써 '모든 행성은 위성을 가진다'는 논거가 거짓임을 제시해 논박할 수 있다. 그러나 이것은 상대의 논제까지 논박한 것은 아니다. '목성에는 위성이 있다'는 논제는 여전히 옳은 판단으로 이미 천체 관측을 통해 그 진리성이 인정된 것이다.

논거에 대한 논박은 다만 전제(논거)를 부정할 뿐, 결론(논제)까지 부정한 것은 아니다. 따라서 상대의 논제가 거짓임을 증명하려면 반드시 상대의 논제를 직접 논박해야 한다.

15관 때문에 범인으로 몰리다

논증 방식 논박하기

중국인이면 누구나 아는 '15관'이라는 옛이야기가 있다.

어느 날 우호로라는 사람이 돈 15관(엽전 천 냥이 1관)을 강탈당하고 피살되었다. 그런데 공교롭게도 그때 우호로의 수양딸 소술연이 자기를 남에게 팔아 버렸다는 농담을 진담으로 알고 집을 뛰쳐나와 도망치고 있었다.

소술연은 정처없이 걷다가 우연히 남의 집 머슴살이를 하는 웅우란을 만났다. 웅우란은 주인이 준 돈 15관을 들고 물건을 사러 가는 길이었다.

이를 수상히 여긴 고을 현령 관우집은 그들 두 사람을 잡아 가두고 심문한 뒤 이렇게 말했다.

"꽃처럼 아름다운 여자를 보고 눈독 들이지 않을 사내가 어디 있겠는가? 또 새파랗게 젊은 여자가 어찌 춘정이 동하지 않겠는가? 여자가 외간 남자에게 반했으니 함께 도망치려 한 것은 뻔한 일이로다. 한데 양아버지가 반대하니 그를 죽이고 돈 15관을 도적질한 것은 불을 보듯 뻔하다. 인지상정 아니겠는가."

이것으로 범죄가 명백히 밝혀졌다 여긴 현령은 즉시 두 사람의 목을 베라고 명했다.

　그런데 부현령 황종은 웅우란이 돈 15관을 갖고 있고, 그들 둘이 동행한 것만으로는 두 사람을 범인으로 단정할 수 없다고 주장했다. 황종은 이후 치밀한 조사를 한 끝에 마침내 진짜 살인강도를 잡게 되었다.

　이렇게 해서 관우집의 잘못된 판결을 뒤엎고 두 남녀는 억울한 누명을 벗을 수 있었다.

　부현령 황종은 현령 관우집이 제시한 논거(웅우란이 돈 15관을 소지한 것과 소술연과 함께 있었던 것)로는 관우집의 논제(범인은 이들 두 사람이다)를 도출해낼 수 없음을 명백하게 밝혔다.

　이처럼 상대가 든 논거로는 그가 증명하려는 논제를 추리해낼 수 없음을 따지는 것이 '논증 방식에 대한 논박'이다.

　논증 방식을 논박할 때 알아야 할 것은, 상대의 논증 방식을 논박했다 해서 그 논제 역시 논박한 것은 아니라는 점이다.

　다음을 보자.

'현배는 학교에서 공부를 제일 잘하는 학생이다. 왜냐하면 3반은 학교에서 공부를 제일 잘하는 반이고 현배는 바로 3반 학생이기 때문이다.'

이 논증은 마치 삼단논법을 적용한 듯 보이지만 실상은 삼단논법 규칙을 위반하고 있다. 즉 '3반은 학교에서 공부를 제일 잘한다. 현배는 3반이다. 그러므로 현배는 학교에서 공부를 제일 잘한다.' 이렇게 놓고 볼 때, 이 추리에서 첫 번째 전제(대전제)의 매개념 '3반'은 3반 전체를 가리키지만, 두 번째 전제(소전제)의 매개념 '3반'은 3반 내의 한 개인 현배만 가리키고 있으므로, 이 추리는 삼단논법 제1규칙을 위반(사개명사의 오류)했다. 따라서 이런 두 전제로부터 '현배는 학교에서 공부를 제일 잘한다'라는 논제를 추리해 내지는 못한다.

그러나 논증 방식을 논박했어도 '현배는 학교에서 공부를 제일 잘한다'는 논제를 논박했다고는 할 수 없다. 왜냐하면 '현배는 학교에서 공부를 제일 잘한다'는 것이 옳은 판단일 수 있기 때문이다. 그러므로 이런 경우 논증 방식에 대한 논박은 다만 상대가 취한 논증 방식이 논리적 규칙을 위반해 그것으로부터 논제를 추리해낼 수 없음을 증명할 뿐, 이로써 상대의 논제 역시 거짓임이 증명되었다고 볼 수 없는 것이다. 실제로 논제는 진리인데 다만 그 논증방식이 오류인 경우도 있다.

이상의 세 가지 논박 방법 말고도 또 하나 아주 효과적인 방법이 있는데, 논박할 때 상대의 음모를 까발리는 방법을 결합해 진행하는 것이다. 다음의 '꼬리 잘린 여우' 우화는 이를 잘 설명해 준다.

늙은 여우 한 마리가 사냥꾼의 덫에 걸렸다가 요행 빠져나오기는 했는데 꼬리가 몽땅 잘려 나가고 말았다.

늙기는 했어도 늠름한 풍채를 늘 자랑해 온 늙은 여우는 꼬리 없는 제

엉덩이를 볼 때마다 여간 기분이 상하지 않았다.

그래서 모든 여우에게 꼬리가 없다면 자신의 흠도 드러날 일이 없으리라 생각한 나머지 여우는 한 가지 꾀를 냈다.

다음 날 동네 여우들을 모두 자기 집에 초대한 늙은 여우는 꼬리를 잘라야 할 필요성에 대해 일장연설을 늘어놓았다.

"꼬리가 달려 있을 때는 몰랐는데 꼬리가 없어지고 보니 과연 좋던걸(논제). 첫째로, 자 모두들 나를 보게, 내 몸맵시가 얼마나 날씬하고 고운가! 둘째로, 꼬리가 없으니 움직이기가 매우 편리하다네!(논거)"

이 말에 한 젊은 여우가 늙은 여우의 수작을 괘씸히 여기고 이렇게 대꾸했다. "만약 당신이 꼬리를 잃지 않았다면 그런 말을 하지 않았겠지요!"

그러자 모든 여우들이 우하하 웃음을 터뜨렸다.

한마디 논박으로 창피를 당한 늙은 여우는 꼬리 없는 엉덩이를 감싼 채 슬그머니 자리를 피했다.

젊은 여우의 논박은 한마디에 불과했지만, 늙은 여우의 음모를 까발리고도 남았다. 상대의 음모를 파헤치는 방법은 논박에서 중요한 보조 수단이 된다.